OHSAMA BUNKO

いちいち気にしない心が手に入る本

内藤誼人

三笠書房

どうしても「気になっちゃうこと」って、
ありますよね……

まえがき——何があっても「面白がれる」余裕が心に生まれてくる本

この本は、くよくよ、イライラ、不安といった、だれもが振り回されやすい感情とうまくつき合っていくためのスキルをお教えする本です。

ちょっとしたコツを知るだけで、強くしなやかな心は手に入ります。

◆人にどう思われるかが気になって、自分のやりたいこと、言いたいことを我慢しがち
◆わずか数人の前で話をするだけなのに、緊張して声が震えてしまう
◆異性を目の前にすると、顔が真っ赤になってしまって、モジモジするばかり

◆将来について悲観的な考えしか思い浮かばない

あなたにも心当たりがあるかもしれませんね。

でも、安心してください。

「自分は小心者で」
「引っ込み思案な性格なんです」
「生まれつき気が弱くて」
という悩みは、いくらでも改善できます。

なぜなら、私たちの心は、固定化されたものではなくて、変わりうるものだからです。心理学の難しい言葉でいうと、心には可塑《かそ》性があるからです。

「心を変える方法」さえ知っていれば、今まで小さなことで悩んだり、人の目が気になったりしていた自分がウソのように思えてきます。

心を強くしたり、悩みや不安を吹き飛ばしたりするには、ある種の「技術」を身につければよいのです。

そうすれば、以前だったら動揺してしまったことにも余裕を持って、むしろ面白がって対応ができるようになります。

そう、**「気にしない心」は、だれでも簡単に手に入れられる**のです。

そしていったん手に入れれば、「どうして、あんなことをいちいち気にしていたんだろう」と思う日が必ずやってきます。もう、イライラ、不安、怒りといった「いらない感情」に振り回されなくなるのです。

心を変えるのは、みなさんが想像しているほど難しいことではありません。人間の心というのは、ほんのちょっとしたことで簡単に変わります。

ロンドン大学のバーニス・アンドリューズ博士は、自尊心が低くて、抑うつ的だと診断された人たちを追跡調査しました。すると、7年後、相変わらず自尊心が低くて、抑うつ的なままであると診断されたのは、わずか4％だったと報告しています。

たいていの人は、特別な努力などしなくても、7年も経てば性格も変わるのですね。でも、

「そんな悠長なことは言っていられない」

という人もいるでしょう。

そんな方たちのために、私は本書を執筆しました。

さて、前置きはこのくらいにして、さっそく「気にしない心」を手に入れるための方法をご紹介していきましょう。

どうか最後までよろしくおつき合いください！

内藤誼人

もくじ

1章

「ほどほど」でいいと決めたら心も楽になる。

……気持ちをスッキリさせる「考え方」のコツ

2章

ときには「賢い割り切り」も必要。

……考えすぎない、こじらせない

3章

あと少し、鈍感になってみる。

……いちいち反応してたら疲れるだけ

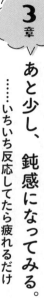

4章 無理して「自分を変える」必要はない。

……心にも「深呼吸」の時間をプレゼント

5章

いらない感情を手放す「心のお稽古」。
……「気持ちの整理」がうまい人とは？

イラストレーション　しば

1章

「ほどほど」でいいと決めたら心も楽になる。

……気持ちをスッキリさせる「考え方」のコツ

「肩の荷」を下ろしてみる

「責任感が強い人」というのは、信頼されることが多いですね。

仕事でも、仲間うちで何かをするときでも、「あの人にまかせておけば大丈夫」と言われる人は、います。

でも、責任感が強すぎて、何でもかんでも自分がやらなければ気が済まない人もよく見かけます。他の人にまかせたり、頼ったり、甘えたりするのが苦手なのかもしれません。

何ごとにも責任感を持って……という心がけは立派ではあります。

でも、いつも「私がしっかりしなくては」「ちゃんとやらなくては」と気を張りつめていたら、疲れてしまうのではありませんか。


うつ病になってしまう人の大半が、「責任感の強いタイプ」といわれます。

「自分がやらなければ！」

「これは自分の仕事だ！」

と頑張りすぎて、その結果として、うつになってしまうのです。


もちろん、何でも人のせいにしてはばからない人は問題外ですが、度が過ぎる責任感は心を苦しくしてしまいます。

心理学の研究でも、そういう研究結果は数多く出ていて、たとえばカナダにあるコンコルディア大学のカーステン・ロッシュは、責任感が強く、物事を簡単に投げ出さない人にうつ病は多く見られると指摘しています。

自分の心をゆるめる「考え方」

この本を手にとったあなたも、きっと「真面目にきちんと生きている人」ではないでしょうか。

でも、たまには「肩の荷をおろす」ことを自分に許してあげてみませんか。

「きっと上司がフォローしてくれる」
「まぁ、自分がここでシャカリキになっても状況は変わらないし」
「わからずやを相手にムキになっても自分が疲れるだけだ」
「たまたま天気がよくなかったせいだ」

「責任感モード」が強くなりすぎたら、こんなふうに心をゆるめてあげることを自分に許すのです。

頑張りすぎると、私たちの心はしんどくなってきて、悲鳴を上げ始めます。
「最近、ちょっと、しんどいな」と思うことが続いたときには、自分に優しくしてもいいのです。

「シャカリキになっている自分」に気づいたら、深呼吸

他人の顔色は「うかがわない」

私たちは「他人の顔色」を気にしながら生活を送っている側面があります。

「何か失礼なことを言ってしまわなかっただろうか」

「彼女は、いったい何を考えているんだろう」

「私は、ちゃんと上司の期待に応えているだろうか」

だれしもこんなふうに考えることがあるでしょう。


でも、「他人の顔色をうかがう」というのは、モニターや計器類をずっと見つめて監視作業をしているようなもの。四六時中、そんなことをしていたら、心が疲れてきます。

たしかに、相手の気持ちを正しく読み取らなければ、正しい応対ができませんから、他人にある程度、気を遣うことは必要です。

でも「他人が何を考えているか」なんて、本当に読めるものなのでしょうか。

それは「不毛な監視作業」です

心理分析など、専門的な訓練を受けた人でもなければ、声や表情、しぐさなどから相手の感情を正しく読み取ることは不可能です。

いくら相手の顔色をうかがおうとしても、結局は「読めない」のであれば、それは「不毛な監視作業」と言えなくもありません。

そんなことに神経を使いすぎていたら、ただただ自分が疲れるだけです。

それに、相手の顔色をうかがってばかりだと、「こんなことを言ったら、バカにされるかも、嫌われてしまうかも」などと不安になって、自分の言いたいことがどうしても言えなくなってしまいます。

そして、言いたいことを言わずに我慢している人は、自分が不満を溜め込むだけでなく、相手にも不満を感じさせてしまうと、200名以上のカップルを調査した米国クイーンズランド大学のメリンダ・ハーパーは指摘しています。

つまり、**言いたいことがあるのに黙っていると、相手もイライラしてくる**のです。

どんなに頑張っても、嫌われるときは嫌われます。逆に、そんなに頑張らなくても、好かれることもあります。

だから、自分が言いたいことを我慢するのも、ほどほどに。

これまであれこれ気にしすぎだった人はむしろ、思ったことをどんどん口に出すようにしてみてください。

それで相手が不快に思うことも、相手を傷つけてしまうことも、あるかもしれませんが、そのときは「ごめんなさい」と謝ればいいのです。

そんなふうに思っているほうが、よほど心はスッキリしますよ。

「言いたいこと」を我慢していると、なぜか相手にもイライラが伝染する

「いい人」よりも「ナルシスト」になる

自分のことが大好きで、自分のことばかりかわいがる人をナルシストといいます。

ナルシストは、世間的にはあまり評判がよろしくありません。

「うぬぼれの強い人」
「他人に対して気配りができない人」
「他人の痛みが理解できない人」

など、概してあまり芳《かんば》しくない評価を受けています。

でも実は、**ナルシストのほうが神経質にならず、生きづらさを感じないですむことが心理学の実験からも明らかに**なっているのです。

英国サウサンプトン大学のコンスタンティン・セディキデスは、**「ナルシストほど心理的に健康」**とする論文を発表しています。

セディキデスによると、ナルシシズム（自己陶酔、うぬぼれ）は、悲しみや抑うつを和らげたり、日々の孤独感や不安を感じにくくさせたりするそうです。

しかも、神経質になりにくくし、主観的健康度（本人が「私は健康だ！」と感じる度合い）を高めてくれるとのこと。

「人は人、自分は自分」の心理

つまり、ナルシストは、ポジティブに表現すれば「人は人、自分は自分」という心持ちで生きているため、友達がいなくても、飲み会に誘われなくてもたいして気にしないし、孤独感を覚えることも少ない、ということです。

また、「私の未来は、絶対、明るい！」と根拠もなく信じ込んでいるところがあり、人生について、とても楽観的。だから、あまり不安も感じないし、イライラ、くよくよとは無縁なわけですね。

ちょっと、うらやましくなってきます。

小さなことでも気になって仕方がない人は、心の奥底で「自分のことを嫌っている」のかもしれません。

でも、そんなふうに生きるのは、もったいない。これまで、ちょっと能天気にうぬぼれている人を見て、内心、苦々しく思っていた人も、ほんの少しナルシストになることを自分に許してみてはいかがでしょう。

少しだけナルシストになれば、これまでくよくよと悩んでいた細かいことなんて、「どうでもいいか」と思えるようになりますよ。

手帳に「これ」を書きつけるだけで……

では、どうすればナルシストになれるのでしょうか。そのためには**「自分のいいところ」を紙に書き出す**ことをしてみてください。

10個くらいでは足りません。

そうですね、100個を目標に箇条書きにしてください。

そして、**書き出した「自分のいいところ」を声に出して読み上げる**のです。

「そんなの、本当に効果があるの？」

と思った人ほど、ぜひ試してみてください。

シンプルな作業ながら、だんだん楽しくなってきて、自分のことがもっと好きになれます。

また「今日の自分は、こんなに素晴らしかった！」ということだけを日記につけていく、手帳にメモしていく、というのもいいアイデアです。

反省などは書かなくていいので、とにかく「自分のよかったところ」だけを毎日書いていくこと。

それだけで、セルフイメージがずいぶん変わってくるはずです。

ちょっと能天気になって「自分のいいところ」に注目してみる

「恋のトキメキ」を利用する

毎日を、楽しく、陽気に暮らしていくためには、**「恋をする」**のもいいでしょう。

私たちは、相反する感情を同時に抱くことはできません。

不安や緊張、後悔といった「否定的な感情」と、幸福感や爽快感といった「肯定的な感情」を同時に抱くことはできないのです。

恋をすると、だれでも「快」の状態になり、楽観的で、明るいことしか頭に浮かばなくなります。ネガティブなことを考えなくなるのです。

自己啓発本などには、「ポジティブ思考」の効能などが書かれていますが、特別な努力を払って無理に明るいことを考えようとしなくとも、恋をすることで自動的に、無意識的に、無自覚に、明るいことばかり考えられるようになるのです。

「セクシャル・ヒーリング効果」で心が楽観的に

英国シェフィールド・ハラム大学のジョン・マルビーは、18歳から52歳までの男女を対象に調査を行ない、恋愛をしている人ほど、抑うつ的にならないことを明らかにしました。その傾向は特に、男性に顕著でした。

出会う人すべてを好きになってください。

よく行くカフェの店員さんも、通勤途中に出会う異性も、ジムのインストラクターも、美容院の店員さんも、職場の受付の女性も、とにかく、出会う人すべてに恋心を抱くのです。

自分はすでに結婚しているとか、恋人がいるとか、そういうことはひとまず置いておき、とにかく、「密《ひそ》かな恋心」を抱いてしまうのです。

実際に告白するとか、口説くとかいうことではありません（既婚者の場合ですと、実際に口説いたりすると、また別の問題が生じるといいますか、悩みが増えてしまいそうです）。

ただ**「一方的に恋をする」だけでいい**のです。

だれか好きな人ができれば、人間は、それだけで楽しい気持ちになれますし、思考も自然と楽観的になります。

もっといいことに、恋をしていると、免疫系なども活性化するので、風邪をひいたり、疲労を感じたりすることが少なくなるのです。

イスラエルにあるインターディシプリナリ・センター（ＩＤＣ）のタッチ・ア

インドールによると、男性でも女性でも、異性と抱き合ったり、キスをしたり、セックスをしたりすると、ストレスが大幅に減るそうです。これを、**「セクシャル・ヒーリング効果」**と呼びます。

まあ、そこまでしなくとも、恋をするだけで私たちは幸せな気持ちになれますし、つまらないことなど少しも頭に浮かばなくなりますよ。

「セクシャル・ヒーリング効果」をうまく活用してみる

必要以上に反省しない

孔子の高弟であった曾子《そうし》は、一日に三回も反省することを心がけていたそうです。これを「三省《さんせい》」といいます。ずいぶん立派な人だったみたいですね。

たしかに、「我が身を振り返って、反省する」ことは人として大切でしょう。

ですが、反省ばかりしていると気分が大きく落ち込み、自尊心も低下することが心理学の実験でも明らかになっています。

何事も「ほどほど」が肝要ということでしょう。

オランダにあるロッテルダム大学のピーター・ムーリスによると、過去のことばかり考えている人は、神経質になりやすく、不安も大きくなり、抑うつ的になってしまうそうです。

「実際に起きてしまったこと」は、だれにも変えられないのですから、しっかり反省したら、あとはいつまでも引きずらないことが大切です。

∴「未来のプラン」で挽回すればいい

「変えられないこと」について悩むくらいなら、

「明日はどんなことをしよう」

「週末はだれと遊ぼう」

と考えるほうが、はるかに建設的。

未来は、過去と違って、いくらでも自分の思い通りにできますから。

仕事でミスをしてしまったときも同様です。たとえば、約束していた書類を持

っていくのを忘れてしまったのであれば、

「ああ、なんて自分はうっかり者なのだ」

といつまでも落ち込んでいるのではなく、

「次からは手帳に、赤色のボールペンで必要書類について記入しておこう」

「前日までに、必ず準備を整えておこう。スケジュールのＴＯ ＤＯにも書いておこう」

といった具合に、「未来のプラン」を立てることにエネルギーを使うことです。

「自分の力で変えられないこと」をグダグダ悩まない

お金で買える幸福も多い

「金持ちケンカせず」という言葉があります。

これは「お金をたくさん持っていると、心理的な余裕が生まれる」という意味です。

お金があれば、人は自分に自信が持てるようになりますから、多少のことでは動じなくなります。

お金は、**「感情を裏から支える道具」**としての機能を持っているといえるでしょう。

米国リチャード・ストックトン・カレッジのマルセロ・スピネラは、ニュージャージー州のある地域の住民に、彼らの収入を教えてもらう一方で、いくつかの心理テストを受けてもらいました。

すると、収入が高くなるほど、否定的な気分になることが少なく、緊張したり、不安になったりすることが減るとわかりました。

スピネラの論文のタイトルは、「お金で幸福は買えるのか?」というものですが、この調査をふまえると、「買える」と言ってよいと思います。

たいていのことを「ふ〜ん」と受け流せる心理

お金があると、私たちは精神的に余裕が持てるようになり、どっしりと構えていられます。

東大生は、浪人生から「あなたはバカだ」と言われても、そんなに腹が立たないでしょう。同様に、お金持ちなら、他人から何を言われても、たとえば「あなたはブサイクだ」「スーツが似合っていない」などと言われても、「ふ〜ん」と軽く受け流すことができるでしょう。

もし、あなたが小さいことにくよくよしがちな毎日を送っているなら、とにかく自分の目の前の仕事に全力を傾けてください。給料やポジションを上げる努力をしてください。お金を稼ぎまくってください。

私たちの悩みの多くは、お金を持っていれば解決できるからです。

なぜヤクザは財布をパンパンに膨らませておくのか

そして、今、あまりお金に縁がない人も、**できるだけたくさんの紙幣を財布に入れて、財布をパンパンにさせておくこと**。一万円札をたくさん入れておくのが難しければ、千円札でも構いません。

たくさんのお金を持ち歩くようにすると、

「自分は、こんなにたくさんのお金を持ち歩いている」

ということで自尊心が高まりますし、堂々としていられます。

財布の中に、千円札が1枚と小銭しか入っていなければ、心理的な余裕を持つことなどできません。しかし、たくさんのお金を持ち歩いていれば、なぜか自分が大きな人間になったように感じます。

その心理効果を知っているから、ヤクザの人たちはいつでも財布をパンパンに膨らませて持ち歩いているのです。

ただし、たくさんのお金を持ち歩いているからといって、むやみに散財してしまわないよう、ご注意を。


お金を「たくさん持ち歩く」ことの心理効果を活用する

「マイナスの感情」をはびこらせない

どことなく〝負のオーラ〟を発している人が周囲にいませんか。
その人の周りだけ、空気がどんよりと濁《にご》ったような雰囲気が漂《ただよ》っている人です。
挨拶をしても、返事がない、仮にあったとしても、声に覇気《はき》がない。そんな人です。

そういう陰気な人からは、なるべくソッと離れるようにしてください。
私たちの心理は、一緒にいる人の影響を受けます。陰気な人のそばにいると、こちらの心も何だか沈んできます。

「君子危うきに近寄らず」といいますが、「自分は今、あまり気分がよくないなぁ」というときは特に、そうした人となるべく接しないようにしてください。

「感情感染効果」はプラス方向に活用

逆に、いつでも楽観的で、否定的なことなどまったく口にせず、生気に満ち溢《あふ》れていて、元気のいい声で話す人と一緒にいたら、どうでしょう。きっと、自然と明るい気持ちになるはずです。

これを心理学では、**「感情感染効果」**と呼んでいます。

にこやかに微笑んで、楽しそうにしている人を見ると、こちらもハッピーな気分になりますし、逆に、落ち込んでいる人と一緒にいると、こちらも気持ちがふさいできてしまうものです。

米国テキサス大学のトーマス・ジョイナーは大学の学生寮で調査を行ない、明るい人でも、ルームメイトが陰気な人間だと、5週間後には、その人自身も陰気な人間になってしまうことを突き止めました。

「人間の心理状態」というのも、風邪と同じようにうつるものなのです。陰気な人とはうまく距離をとって、挨拶するだけとか、事務的な連絡をとるだけにしておくのが無難かもしれません。

自分を守るための「距離のとり方」

行動を共にするのなら、クラスや職場で一番のムードメーカー、ひょうきん者、人気者を選んでください。そういう人たちには、ランチの際もご一緒させてもらったほうがいいですし、飲み会では、近くの席に座ったほうがいいでしょう。

複数の球団でプロ野球監督を務めた星野仙一さんは、試合でノックアウトされたピッチャーは、翌日にはひとりでトコトコと走らせ、他の選手と隔離するようにしていたそうです（星野仙一著『迷ったときは、前に出ろ！』新装版、青志社）。ノックアウトされたピッチャーの〝よどんだ空気〟を他の選手に感染させないための処置だったのでしょう。

これは心理学的に言っても、正しいやり方だったと思います。

陰気な人をひとりぼっちにしておくのはかわいそうだから、「自分だけは声をかけてあげよう」と思うのは、立派な心がけではあるかもしれません。

でも、自分がそれに負けないくらいの明るいムードで声をかける、という気持ちを忘れないでください。

〝よどんだ空気〟を人からもらわない

「虫が好かない人」が気にならなくなるコツ

「内藤先生だって、苦手な人、嫌いな人はいるのでしょう？」

私は、「対人心理学」という分野が専門なので、たまにこういう質問をされることがあります。

正直に言うと、私にも苦手な人や、できればおつき合いしたくない人はいます。

「好悪の感情」を持ってしまうことは、だれしもありますが、たとえこの人とは相性が合わないなとか、虫が好かない人だなと思っても、それを**「気にしない」でいる**ことは可能です。

その方法とは、とにかく〝ロボットになる〟こと。

「人として」つき合うのではなく、自分が「ロボット」になったつもりで相手に接するのです。

これには、劇的な効果があります。

ちなみに、このテクニックは、私のオリジナルではなくて、ジミー・カラノとジェフ・サルツマンの『アピール』(田中孝顕訳、きこ書房)という本に紹介されていたものです。

自分の中に「ロボット・モード」をつくる

最近は、日常生活の中でロボットを目にすることが増えました。

会社の受付に「ご希望の部署をおっしゃってください」と聞いてくるロボットがいたり、自宅に掃除用のロボットがあったりします。また、介護用のロボットなどが実用化されつつあります。

ロボットは、相手がだれであろうが、まったく気にせず、どんな人にも等しく接します。

そういうロボットに、みなさん自身もなりきってしまうのです。

「人間的なおつき合い」をしようとするから疲れ切ってしまうのであって、「ロボットとして接する」なら、何ら苦痛を感じなくなるはずです。

「こういうタイプ、苦手なんだよな……」という人に出会ったときには、自分の中で、**ロボット・モードのスイッチを「オン」**にしてください。

機械的に笑顔を見せ、機械的に楽しげな声を出し、機械的に相手が喜びそうな冗談を言ってあげる……。

そういうロボットになりきってしまうのです。

この方法は、もう本当に、びっくりするくらいうまくいきます。とにかく、疲れずにすみます。

私は、年間に20～30回ほど講演会で話をすることがありますが、そのときにもこの「ロボット・モード」を使っています。

あらかじめ用意して頭の中に叩き込んでおいた原稿をしゃべるだけの「セミナー講師ロボット」になっているのです。参加者を笑わせるタイミングも、毎回同じです（笑）。

ロボットなら、人前で恥をかくことなど気にしません。

恥ずかしがり屋の私にとっては、とても便利で、重宝するテクニックです。

ロボットになりきれば「人前で恥をかく」ことも気にならない

コラム

「上手に休息をとる」と、心はしなやかに強くなる

本書は、「心の悩み」をどうやって解決するかをお教えするものですが、どうあがいても「どうにもならないとき」は、あるものです。

こういうときは、あがけばあがくほど、状況はますます悪化します。ですから、何もしないで「ふて寝」をするのが一番なのです。

読者のみなさんは、**「オーバーワーク症候群」**という言葉をご存じでしょうか。

スポーツ心理学の用語ですが、トライアスロンやマラソンの選手が苛《か》酷《こく》な練

習をすればするほど、みるみる記録が悪くなってしまう状態を指します。

あまり知られていませんが、私たちの筋肉は、「練習している最中」に強く、逞《たくま》しくなるのではなく、練習後に休んで、傷ついた筋肉が回復しようとするときに強化されるのです。

ですから、筋力を高めるためには、きちんと休息をとることが絶対不可欠です。にもかかわらず、気持ちが焦《あせ》って休みをとらずに練習を頑張っていると、状態がどんどん悪くなってしまいます。

心も同じで、「意志力」を鍛えようと滝に打たれつづけてみたり、作業がつらいと感じても休まずに取り組んでいたりすると、「オーバーワーク症候群」になってしまいます。

「何事も頑張りすぎてしまう」ことがうつ病になる人の特徴なのですが、うつになってきた、あるいはなりそうだと感じたときには、とにかく休息をとってください。有休をちょっと多めにとったからといって、「自分の居場所」がなくなったりはしないでしょう。

少しくらい休んでも、人生の落伍者《らくごしゃ》になることはありません。「必死に頑張ること」を、だれもがみなさんに求めたりはしないのでは。また、もし求められても拒否しましょう。


気分が落ち込んでいるとき、「気分転換でもしよう」と新しいことをやり始めようとする人がいますが、これはあまりよくありません。

精神的にも、身体的にも疲れ切っているのに、マラソンや筋トレを始めたり、絵画教室や音楽教室などに通い始めたりする人もいますが、むしろ疲労困憊《こんぱい》するだけです。

新しいことを始めるのであれば、もっと気分がいいときにしてください。

疲れたときには、何もせずに、ゆっくり休むのが一番。

温かいお風呂に入って、とにかくたっぷりと睡眠をとるように心がけてください。

米国カリフォルニア大学のロバート・タイラーは、16歳から89歳までの約300名に、

「イヤな気分を吹き飛ばし、エネルギーを取り戻すのに一番いいのは何でしょうか？」

というアンケート調査をしたことがあります。すると、「寝る」ことは、心のエネルギーを回復するのにかなり効果的な方法であることがわかりました。

ちなみに、タイラーの調査では、「テレビを見る」「買い物をする」「旅行に行く」のは、精神的な疲れをとるのに、あまり効果的ではないということでした。

何かの活動で気を紛《まぎ》らわそうとするより、「さっさと寝てしまう」ほうがいいのです。

2章

ときには「賢い割り切り」も必要。

……考えすぎない、こじらせない

〝胸を張る〟だけで、こんなに変わる

私たちの〝心理的なムード〟というものは、意外にも「どんな姿勢をとっているか」に大きな影響を受けています。

背中を丸めて、手をポケットに突っ込み、足を引きずるようにして、トボトボと10メートルくらい歩いてみてください。

どうですか。なんとなく気分が落ち込んできはしませんか。

「何事も気にしない心」でいるためには、「姿勢」が重要になります。

小さなことにくよくよしない人は、実は、姿勢がとってもいいのです。姿勢がいいから、〝心理的なムード〟も高揚してくるのですね。

「どうも悲観的なことばかりが頭に浮かんでしまう」

「明るい未来をイメージすることができなくて困る」

という人は、おそらく姿勢がよくないのです。姿勢が悪いから、悲観的になったり、未来に希望が持てなくなったりするのです。

「パワーポーズ」で心に元気を注入

人間であればだれでも、どうにもやる気が出ないときや、うつうつとした気分のときがあるもの。

「こんなことじゃダメだ！」といくら自分を叱咤《しった》しても、どうしても気分がノッてこない。集中しようとしても、仕事がまったく手につかない。そんなときは、どうすればいいのか。

やる気がまったく湧かないけれど、

「どうしても今日、大切なお客さまに会わなければならない」

「どうしても終わらせなければならない仕事を抱えている」

といったとき、知っておくと役立つ「自分に元気を注入できる」テクニックをお教えします。

たった1分で「活力」が湧いてくる

まず、すぐにバイタリティを高めたいときに有効なのが、**「パワーポーズ」**。

文字通り、心に「パワー」を注入するための姿勢です。

具体的には、少し足を開いて、両手を大きく広げながら上に上げるのです。バンザイをしているときのような姿勢をとるわけですね。

そして、その姿勢を1分間キープ。少しだけ腕が疲れるかもしれませんが、1分後に手を下ろしたときには、心にパワーが溜まっているはずです。

この方法を提唱している米国カリフォルニア大学のダナ・カーニーが実験したところでは、**このパワーポーズを1分間とった人は、テストステロン値が上昇し**たそうです。テストステロンとは男性ホルモンの一種で、人を積極的にさせ、やる気や活力を引き出す働きがあります。

気持ちが挫《くじ》けそうなときや、悲観的になりそうなときには、すぐに両手を上げてパワーポーズをとってください。

それまで、

「ああ、自分は終わった……」

という考えばかりが浮かんでいた人でも、

「だいじょうぶ。何とかなる」

という気持ちを取り戻すことができるはずです。

いきなり人前で両手を上げたりすると、危ない人と思われかねませんから、パワーポーズをとるときには、トイレの個室などがおススメ。周囲に人がいなければ、非常階段や喫煙ルームのような場所でもいいでしょう。

そこで1分間、パワーポーズをとるだけで、困難な状況も、「だいじょうぶ。何とかなる」ととらえられるようになります。

自分に「活を入れる」のは意外と簡単

これから仕事に取りかかろうというとき、自分に活を入れたいときにも、パワーポーズは効果的です。

私も、パワーポーズとはちょっと違うのですが、元気がない自分に活を入れるときには、両手を上げてグルグルと回すという動作を好んでやっています。

読者のみなさんもぜひ、お試しください。

「身体を動かす」と、気分も爽快！

「気落ちしやすい人」には、特徴があります。

それは、あまり身体を動かさないこと。

頭であれこれ考えてばかりで、身体をほとんど動かさないのです。こういうタイプは、くよくよと思い悩むことが多くなってしまいます。

では解決策はというと単純な話で、**毎日運動する習慣**をつけることです。

「健全なる精神は健全なる身体に宿る」というように、運動をしていると、小さなことに悩まされにくくなります。

カナダにあるブリティッシュ・コロンビア大学のグラント・アイバーソンは、さまざまな年齢のボランティアに協力してもらい、一日にどれくらい身体を動かしているかを調べる一方で、抑うつの度合いを測定する心理テストを受けてもらいました。

すると、45歳以下では、運動する人に比べ、運動しない人は7・4倍もうつになりやすいことがわかりました。55歳以下の女性については、なんと15・7倍もうつになりやすかったそうです。

なぜかというと、男性に比べて、女性のほうがあまり身体を動かさないからでした。

一日10分の「運動」のあなどれない効果

「でも、毎日忙しくて、ジムに通ったりする時間がとれないんです」

という人もいらっしゃるでしょう。

けれども、必ずしもジムに通ったり、本格的に運動したりする必要はありません。毎日の運動は、10分もすれば十分なのです。ちょっとした筋トレや軽いジョギングなら、どんなに時間がなくともできるはず。

もし、一日のどこかで10分すらとれないというのであれば、それは時間がないのではなく、ただやる気がないだけです。

いったい、どれくらいの時間、運動をすると心がイキイキとしてくるのかについても、すでに米国ノーザンアリゾナ大学のシェリル・ハンセンが調べています。

ハンセンは、自転車こぎの運動を開始してから10分後、20分後、30分後の「活力の高まり」(疲労、緊張、うつの減少) を調べたのですが、10分間も運動すれば十分で、20分以上やっても、活力はそれ以上、高まらないことも明らかにしています。

だから、**毎日の運動は10分間でOK**なのです。

どうしてもまとまった時間がとれないというのであれば、日々の活動の中に、運動を組み込んでしまいましょう。

エレベータやエスカレータに乗るのではなく、その横にある階段を使ったり、なるべく徒歩で出かけるようにするのです。そうやって日々の活動の中に運動を組み込んでしまうといいと思います。

毎日の生活の中に運動をうまく組み込んでいく

「仕事とまったく関係ない人脈」を広げる

友達がたくさんいて、いろいろなつながりを持っている人ほど、ストレスを感じにくくなります。

困りごとや悩みがあっても、友達にグチを言ったり、相談に乗ってもらったりできますから、ストレスを溜め込まずにすむのです。

友達がまったくいない人でも、たとえば、悩みを紙に書き出したりしてストレスを処理することはできるでしょうが、普段の何気ないおしゃべりの中でストレスを発散できるほうが、より手軽で、効率もいいでしょう。

では、どうすれば簡単に友達を増やせるのか。たとえば、スポーツチームに参加するというのも、ひとつの手です。

バドミントン、バレーボール、野球、ソフトボール、フットサルなど、みなさんの住んでいる地域でも、いろいろなスポーツチームが新規メンバーを募集しているでしょう。加入すれば、簡単に知り合いを増やせます。

自分とまったく接点のない業界で働いている人たちや職種のまったく異なる人たちと知り合いになれると、自分の世界も広がるし、仕事の方面でも新たな視点がもたらされることがあるかもしれません。

世界が広がると、心も広がる

米国ペンシルバニア州にあるビラノバ大学のマイケル・メイソンは、定期健診を受けに来た人にアンケートをお願いし、その結果から、**スポーツチームに入っている人ほど、うつになりにくい**ことを突き止めました。

どんなスポーツでもいいのですが、チームスポーツに加入している人ほど、うつになりにくいそうです。

おそらくは、仲間と共に汗を流すことで、ストレスを感じても上手に発散できるからでしょう。

スポーツチームに加入すれば、運動習慣も身につけられますし、知り合いも増やせて、一石二鳥です。今まで感じていたストレスも、大幅に減らすことができるでしょう。

どうしてもスポーツは苦手というのであれば、地域で開かれている何かの集まりに参加するのもいいと思います。

オカリナを学ぶ団体、お囃子《はやし》会など、探せばいろいろな文化活動をしている団体があるはずです。一度、体験入会させてもらってはいかがでしょう。

自宅と会社を往復するだけでは、あまり気晴らしはできません。人生を豊かにする意味でも、何かの集まりに参加することで、知り合いをたくさん増やしてみてください。

知り合いが増えれば増えるほど、人生も楽しくなってきますし、ストレスを感じにくくなります。

「知り合い」が増えるほど、人生は楽しく豊かになる

上機嫌な「フリ」をしてみるだけで

楽しいことがあろうがなかろうが、常にニコニコした笑顔を心がけてください。

つまり、**上機嫌な「フリ」をする**のです。

私たちの脳みそは、私たちの「表情」に影響を受けています。

上機嫌な表情をつくっていると、私たちの脳みそは、「きっと私は今、楽しいんだ」と錯覚して、ドーパミンなどの「快」を司る脳内物質をどんどん分泌してくれ、その結果として、本当に楽しくなってしまうのです。

これを心理学では、**「フェイシャル・フィードバック効果」**と呼んでいます。

「楽しいことがあれば、いくらでも笑えるのに……」ではなく、**「笑っている」から、「楽しくなってくる」**のです。

この順番を間違えないこと。

楽しいことがあろうがなかろうが、始終、ニコニコと上機嫌にしていることです。

そうすれば、心が弾んできて、陽気に暮らせるようになりますよ。

「ニッコリした1分後」には心がリラックス

心理学者の実験でも、このことは明らかになっています。米国イリノイ大学のマヤ・タミールは、笑顔をつくると、そのわずか1分後には、心がリラックスし、喜びを感じてくることを突き止めました。

愛想笑いであろうが、つくり笑いであろうが、たった1分で〝てきめんな効果〟が得られるわけです。

また、タミールは、しかめっ面をつくらせると、気分がネガティブになることも明らかにしています。

ですから、できるだけ不機嫌な顔をしないことも重要です。

毎日、陽気に生きていれば、小さなことでイライラすることも減っていきます。

心が上機嫌でいると、少々のことは、笑って許せるようになるのです。

たとえば、待ち合わせをした相手が遅刻をしたとしましょう。こんなとき、心に余裕のない人は、イライラしてしまうものです。

「自分は見下されているのではないか」

「自分は大事にされていないのではないか」

などと考えると、さらに怒りが募ります。

ところが、笑顔をつくり、上機嫌でいれば、少しくらい相手が遅刻しても、

「まあ人間なんだから、たまにはそういうこともあるよね」

と気軽に受け流すことができます。腹もそんなに立ちません。

満員電車のストレスを劇的に減らす方法

また、朝のラッシュアワーに満員電車に乗るのは、だれにとってもイヤなものです。

けれども、眉間《みけん》にシワを寄せるのではなく、逆に、目元に笑みを浮かべるようにすれば、満員電車で感じる不快感も、ずいぶん軽減できます。

眉間にシワを寄せていると、

「まったく、朝からツイてないな」

という思いばかりが浮かんできます。

でも、笑顔をつくるようにしていると、

「おしくらまんじゅうをしているみたいで、なんだか楽しいな」

と思えるようになるのです。

とにかく笑顔。

いつでも笑顔をつくっていることは、とても大切なのです。

とにかく笑顔。
だまされたと思ってお試しを

ストレスがかかることは「織り込みずみ」にしておく

不思議なことに、「将来のある時期にストレスがかかる」と最初から思っていれば、私たちの心はストレスに耐えやすくなります。

「ストレスがかかることがある」という前触れもなく、いきなりストレスにさらされると、私たちの心はびっくりして、疲れ果ててしまうのです。

ですから、ストレスがかかることを、あらかじめ「織り込みずみ」にしておくこと。

「ストレスは、あって当然」と思っていれば、ストレスを感じません。

たとえて言えば、遊園地ですでに何度も入ったことがあるお化け屋敷では、「次に、こんな仕掛けがあるんだよな」と予想できるので怖くなくなるのと一緒です。

「そんなものだ」という心構え

毎週、金曜日に仕事が忙しくなるのであれば、「さあ、今週も金曜日は大変だぞ」と覚悟しておけばいいのです。

そうすれば、いざ金曜日になって殺人的に忙しくなっても、「ほら、やっぱりね」と気軽に受け流せます。

金曜日にストレスが大きくなることがわかっていれば、木曜日にはお酒を飲まずに早くベッドに入るとか、金曜日の朝には栄養価の高いものを食べるとか、いろいろと手を打てます。

そうすることで、ストレスはさらに小さくできます。

面白い心理実験があります。

米国デューク大学のアンドリュー・カートンは、70名の学生にある記事を読んで「a」から始まる単語を見つけ、その単語にマルをつけていく、という神経を使う作業を12分間してもらいました。

作業中に監督者がいきなり話しかけるなどの邪魔をするのですが、半数の学生には、そのことをあらかじめ伝え、残りの半数には伝えませんでした。

2つのグループで、最終的に12分間で見つけた単語数はどのようになったのでしょうか。

邪魔が入ることを知らされたグループは、平均で144・11語を見つけることができ、知らされなかったグループは125・84語しか見つけられませんでした。

このデータは、

「ストレスがかかると事前にわかっていれば、あまりストレスを感じずに作業に集中できる」

ことを示しています。

「勤務中には、上司や先輩が話しかけてくるなど、邪魔が入るものだ」と思っていれば、声をかけられるたびに「イラッ」とすることもないでしょう。

「勤務中には、お客さまから電話がかかってきて作業が中断されるものだ」と思っていれば、とげとげしい声で電話に出なくてすみます。

とにかく「ストレスはあるものだ」と思っておくほうが疲れずにすむのです。

「ストレスはあるものだ」と達観すると心も疲れない

人の「善意」を当てにしない

親鸞《しんらん》の教えに「心は蛇蝎《だかつ》のごとくなり」というのがあります。「人間の心の中は、ヘビやサソリが棲《す》んでいるようなものなんですよ、それが人間の本性なんですよ」という意味です。そんな人間でも愛してあげ、認めてあげようというのが親鸞の思想です。

そんなふうに思っていれば、仮に誰かに嫌がらせをされても、不親切にされても、そんなに腹は立ちません。

ローマの賢帝に教わる「人づき合いの極意」

第16代ローマ皇帝にして、五賢帝のひとりであるマルクス・アウレーリウスは、『自省録』（神谷美恵子訳、岩波文庫）の中で、同じ指摘をしています。

「他人の厚顔無恥に腹の立つとき、ただちに自ら問うてみよ、世の中に恥知らずの人間が存在しないということがありうるだろうかと。ありえない。それならばありえぬことは最初から求めるな」

イヤな人間に出会うのは、当たり前。

そう思っていれば、けっこう平気でいられるというわけです。

またアウレーリウスは、腋臭《わきが》のある人や、口臭のきつい人についても、「それは本人が悪いのではなく、たまたまそういう腋や口を持っているだけなので許してやれ」と述べています。

『自省録』は、**人づき合いの極意**がたっぷり詰まっている良書ですので、ぜひご一読いただければと思います。それはともかく、世の中に蠢《うごめ》いているのはそんな人たちばかりなのだと覚悟しておくことが大切です。

「もともと人間の心は汚いものだ」と思っていれば、理不尽な扱いを受けても、けっこう耐えられます。

善意を期待していないから、裏切られたとも思いません。

それに、「人間は悪人ばかり」と考えていても、現実には、「大変そうだから、助けてやるよ」と親切にしてくれる人も多く、そんなときには、期待していないだけになおさらうれしく感じられる、ということも少なくないものです。

「人間なんて、こんなもの」と期待しないで生きていく

「勝てるところ」で勝負する

将棋の世界には、**「負けて強くなれ」**という言葉があるそうです。

強い人にどんどん相手をしてもらって、負けて悔しい思いをし、「チクショウ！」と発奮することでもっと強くなれる、ということなのでしょう。

なるほど、たしかにそんなこともあるのかもしれません。

けれども、心理学的に見ると、「負けて強くなる」のは、精神力の強い人だけなのです。

多くの場合、**「負けてばかりいると、人は弱くなる」**ものです。

負けるたびに、自分の力のなさをイヤというほど味わわされて腐ってしまい、やる気も失せていってしまいます。

ですから、**自信をつけたいなら、「勝てるところでだけ、勝負する」**ことが重要です。

何度も**「勝ちの味」**を覚えるからこそ、「私って、すごいんだなあ」と感じられ、自信も強化されていきます。


優秀な先生は、勉強のできない生徒に、難しい問題などやらせません。

ホイホイと簡単に解ける問題ばかりを徹底的にくり返しやらせ、自信をつけさせるのです。そうやって自信が十分についてから、ほんの少しだけ難しい問題を与えます。

そういうやり方をしないと、できない生徒ができるようになることはありません。

なぜ〝初戦〟は大切なのか

ドイツの名将ロンメル元帥は、新兵の初戦には、必ず勝てる相手を選んだ、という話があります（澤田富雄著『人を育てる心理学』日本経団連出版）。

何度も「勝ちの味」を覚えさせれば、兵士は強くなります。「俺たちが、負けるはずがない」と思うようになります。

闘犬でも、強い犬を育てるために、弱い犬（「かませ犬」と呼ばれています）と何度も勝負をさせるそうです。

米国チャップマン大学のアミー・ハーレイが、トップマネジャーとミドルマネジャー683名について調べたところ、彼らは「他の同期入社の組より、最初の昇進が早かった」そうです。

最初に勝った人は、それが自信となって積極的に仕事に取り組めるようになり、その後も勝ちつづける傾向がある、とハーレイは指摘しています。

とにかく、まずは「勝てる土俵」で勝負をしてください。

ある程度の自信がつけば、難しいことにもチャレンジしていこう、という意欲が生まれます。そういう意欲が生まれるまでは、まずは「簡単なこと」をくり返し、スキルアップしていくのが正しいやり方です。

「勝ちの味」を覚えれば、意欲はグングン育っていく

ストレスは「毎日」解消する

毎日、少しずつ掃除をしていれば、大掃除は必要ありません。汚れを溜め込むほど掃除は大変になります。「あとでまとめて掃除をすればいいや」というのは、よくない作戦です。

ストレスも、まったく同じ。

毎日少しずつ溜まっていく**日々のストレスは、その日のうちに発散、解消しておく**のが正解です。

ドイツ北部にあるブラウンシュバイク工科大学のセービン・ゾンネンタークは、6つの公共サービス組織で働く147名（平均年齢39歳）に、ストレスについての記録を日記形式でつけてもらいました。

その結果、翌日の朝に、どれだけやる気が戻っているか、どれくらい積極的に仕事に出かけられるかを決めるのは、

「前日のうちにストレス解消をしているか」

どうかであることがわかりました。ストレスをうまく発散できている人は、翌日、新たな気分で仕事に取り組めるのです。

〝ドカンとご褒美旅行〟より「こまめな自分ケア」

小さなストレスであれば、好きなチョコレートを一粒食べるとか、軽くストレッチするとか、その程度で簡単に発散できます。

ところが、小さなストレスも蓄積されていくと、簡単には発散できなくなりま

す。

「火事はボヤのうちに消せ」と言われますが、ストレスにも同じことが言えます。お風呂に入ってゆっくりくつろぐとか、大好きなガーデニングをほんの少しやるとか、「こうすると気分がスッキリする」というものを自分なりに持つといいでしょう。

何週間も、何カ月も頑張って、そのご褒美《ほうび》に旅行に出かける、というのも悪くはありませんが、職場でも、自宅でも、手軽にできるストレス解消法を持ち、こまめに自分をケアすることが大切です。

休憩時間に同僚とおしゃべりする、家族とおしゃべりするといったことでも、ストレスは発散できるのです。

ストレス解消の〝小技〟をたくさん持っておく

「心の免疫力」を高めるには

米国テキサス大学のリサ・ネフは、結婚して6カ月以内の新婚夫婦61組の協力を得て、2年半にわたる調査を実施しました。

その結果わかったことは、まったくケンカをしない夫婦より、結婚して数カ月以内にちょっとしたストレスを感じてケンカをし、それを乗り越えた夫婦のほうが、その後の結婚生活にあまりストレスを感じなくなっている、ということでした。

ネフは、これを**「免疫《めんえき》効果」**と名づけています。

小さなストレスを感じ、それを乗り越えていくと、より大きな、より強いストレスに耐える力がそなわります。

毒性を弱めた菌やウイルスを体内に取り入れる予防接種を受けると、その菌やウイルスに対して耐性、つまり免疫がつきますが、ストレスもまったく同じ。

小さなストレスで免疫をつけておけば、より大きなストレスがきてもへっちゃらになります。

ネフによると、結婚して1年以内にケンカをしていないカップルはストレスを乗り越えるための修行ができず、結局は、破局を迎えることが多くなるそうです。

「小さな小競り合い」で自己主張の練習を

小さなケンカを何回かすると、そのたびに「仲直りの仕方」を学ぶことができます。ところが、一回もいさかいを経験していないカップルは、「自分の言いたいこと」をどうやって相手にぶつけたらいいのか、こじれた関係を修復するにはどうすればいいのかが、わかりません。

その結果、ふたりの関係がぎくしゃくしてこじれ、「そのまま破局」ということになりかねないのです。


会社の人間関係などもそうです。上司と意見の相違があってもグッと飲み込んで自己主張しないでいると、気持ちよく仕事ができません。

「自分はこう思う」ということは、きちんと伝えた上で、それでも意見が通らなかった、というのと、はじめから黙って従っているだけとでは、その後の仕事ぶりにも大きく影響してくるでしょう。


上司に自己主張する練習をしたいなら、「どうでもいいこと」で、あえて逆らってみてください。

「お昼は、かつ丼がいいか、さっぱりしたものがいいか」といったような、「どうでもいいテーマ」で上司に反論してみるのです。

どんなささいなテーマでも、上司の意見に異を唱えることにはストレスを感じるかもしれませんが、「どうでもいいこと」なら小さなストレスですみます。

そういうところで練習させてもらっておけば、重大なテーマで議論をすることになったとき、上手に自己主張ができるようになるものなのです。

心も「無菌状態」では強く育たない

コラム

あえて、よい方向に歪めて解釈する

上司に叱られたり、お客さまに文句を言われたりすると、たいていの人は気落ちします。「自分はなんとダメな人間なのか」と自尊心も低下します。やる気だって、出なくなるかもしれません。

けれども、そういうストレスフルな出来事も、心の中でよい方向に「歪《ゆが》め」てしまえば、あまり気にならなくなります。

心理学では、**心の歪みのことを「バイアス」**という専門用語で呼びます。なかでも**よい方向に歪めて解釈することを「ポジティブ・バイアス」**といいます。

ストレスを感じにくい体質になりたいのであれば、「ポジティブ・バイアス」を積極的に行なうことです。

たとえば、上司にこっぴどく説教されても、

「愛情の裏返しなんだ」

「これは愛のムチなんだ」

「それだけ自分は期待されているってことだ」

と思えば、ありがたく感じられ、腹を立てるどころか、むしろ感謝の気持ちを持てるはずです。

女性に挨拶をして返事が返ってこなかったときも、

「僕のような素敵な男性を目の前にして、ちょっと照れちゃったのかな？」

と誤解していれば、心はまったく傷つきません。

ストレスを感じる事態が発生したときには、とりあえずよい方向に解釈し、

自分自身をだましてしまうのが一番です。

「ポジティブ・バイアス」で喜ばしい、楽しい、愉快な考え方を習慣にしてください。

米国テネシー大学のエリン・オマラが82組の夫婦を4年間にわたって調査したところ、お互いに「ポジティブ・バイアス」が習慣になっている夫婦では、抑うつの度合いが低くなることが明らかになりました。

奥さんに口うるさく何か言われても、「それだけ自分は愛されているんだな」と誤解している夫は、幸せでいられるのです。

「部屋の中でタバコを吸うな」と怒られても、「私の健康を、私以上に気遣ってくれている」と思えば、うれしさを感じこそすれ、敵意を抱いたり不愉快になったりすることはありません。

同じように、自分の思い通りに事が進まないときには、

「神さまが私に試練を与えてくださっている。これを乗り越えれば、次にはきっと、いいことが待っているに違いない」

と思っていれば、ストレスのかかる事態にも、けっこう上手に対処できるはずです。

物事はネガティブにとらえないこと。とにかく「自分に都合のいいように解釈していく」のがポイントです。

3章

あと少し、鈍感になってみる。

……いちいち反応してたら疲れるだけ

自分を苦しめる「クセ」を抜け出す

私たちは、ともすると「非合理な信念」で自分を苦しめてしまうことがあります。

たとえば、

「出会う人すべてに好印象を与えなければならない」
「完璧に整った顔だちでなければ、異性にモテない」
「完全無欠の上司にならなければ」

といった具合です。

でも、こうした現実的ではない思いを抱いていては、心身ともにやられてしまいます。

そんなときは、自分に「現実的な反論」をぶつけてみましょう。

たとえば、

「別に会う人全員に好かれなくても、本当に心を許せる仲間がいれば幸せだよね」

「別にハンサムではなくても、かわいい彼女がいる男もいるし」

「世の中の上司がみんな『理想の上司』なんてことは、ないしな」

といった具合にです。

すると、非合理的な信念でキュッと締めつけられていた心がフッとゆるんできます。

心配事の9割が消えていくコツ

オーストラリアにあるタスマニア大学のテッド・トンプソンは、心配性な人、悲観的に考えすぎてしまう人を集めて、４週間の**「反論思考トレーニング」**を実施しました。

たとえば、「自分は病気になってしまうのではないか」と悩んでいる人には、次のような反論をぶつけるトレーニングをくり返させました。

「でも、私は定期的に運動しているんだから、人よりは健康的なはずだよね？」
「そういえば、両親だってピンピンしてるよね？」
「食事にだって気をつけているし、不摂生な人に比べたら、はるかにマシじゃない？」

不安なことが頭に浮かぶたび、こういう反論をぶつけるようにさせたところ、彼らは「非合理な信念」に苦しむことがなくなったそうです。

しかも、いったん悲観主義的な傾向が減少した人は、長期的に心の状態も改善されることが明らかになりました。4週間もトレーニングすれば、性格も変わってくるのですね。

「根拠のない悩み」は、「客観的な現実」を突きつけることで、次第に消えてなくなっていくはずです。

「反論思考トレーニング」で心もピンピン元気になる

「数字」にプレッシャーを感じたら

タリーズコーヒージャパンの創業者である松田公太《こうた》さんは、タリーズコーヒーの1号店を銀座の一等地に出店すると決めたとき、7000万円もの借金をしなければなりませんでした。

7000万円といえば、普通の勤め人にとっては、ものすごい大金ですよね。松田さんにとってもそうで、当然、不安が募りました。

しかし、松田さんはそのとき、冷静に計算をしてみたのです。

「時給850円のコンビニのバイトを1日15時間、週休1日でやったら、月収は

33万円か34万円くらいになるな。妻の収入も含めると、月に40万円ずつ返済できそうだな……」

このように計算してみると、**「なんだ、こんなもんか」**と思えたそうです。「どんなに悪くとも、こんなもんで完済できるのか」と頭で理解できたら、迷いから脱することができたそうです（松田公太著『すべては一杯のコーヒーから』新潮社）。

人は何かに悩んだり不安を感じたりしているとき、どうしても感情の波にさらわれて、**「頭で冷静に考える、計算する」**ということが意外にできないものです。

でも、少し心を落ち着けて、客観的に計算したり、紙に書き出したりしてみると、悩みや不安は意外ときれいに吹き飛んでしまうもの。

「7000万円」という大きな返済額に心が動揺したとしても、「月にいくら返済することになるのか」と客観的に計算をしてみれば、意外と「なぁんだ」と思えることもあるのです。

大きな数字やタスク、要求を突きつけられると、多くの人は動揺してしまいますが、できるだけ小さく、細かく分割して、冷静に考えてみれば、「意外に、大したことないな」と思えることは多いのです。

「分解する」と取り組むのが楽になる

米国スタンフォード大学のアルバート・バンデューラは、小学生の子どもに2通りの仕方で指示を出して算数の問題集をやらせました。

一方のグループには、

「258ページの問題集を頑張って終わらせましょう」

という指示を出しました。このグループでは、55%の子どもしか終わらせることができなかったそうです。

もう一方のグループには、

「少なくとも1日6ページずつやりましょう。6ページずつやれば、どんなに遅い人でも43日間で終わりますからね」という指示を出しました。こちらのグループでは、74％の子どもが最後まで終わらせることができました。

何か大きな数字を突きつけられてパニックに陥りそうになったら、小さな数字に分割して考えてみてください。

きっと、迷いはすぐに晴れると思いますよ。

「冷静にこなしていく」と
意外と大きなことができてしまう

上を見たら、キリがない

「友がみな　われよりえらく　見ゆる日よ　花を買ひ来て　妻としたしむ」

こんな短歌を石川啄木《たくぼく》は詠《よ》みました。

「友達がみんな偉くなっているのに、それに比べて自分は……」と自分の境遇を嘆く歌です。

では、いったい石川啄木はどんな友達と自分を比べたのでしょうか。

実は、啄木が比べているのは、国語学者の金田《きんだ》一《いち》京助や、作家の野村胡《こ》堂《どう》だったようです。

つまり「ものすごくレベルの高い人」と自分を比べて、しょげているのです。啄木でなくとも、そんな人たちと比べたら、自分が「つまらない存在」に思えてくるに決まっています。

ものすごく整った顔だちをしているのに、「私って、ホントにブサイクだから……」と落ち込んでいる女性がいます。けれども、よく話を聞くと、彼女は、今をときめく女優さんやモデルさんと自分を比べているのです。

「私は、ぽっちゃりどころか、すごくデブ」と悩んでいる女性たちも、たいていは雑誌に登場するモデルさんと自分を比較して落ち込んでいます。

でも、女優さんやモデルさんは、ある意味でとても特殊な人たちです。メディアに登場するにあたっては、ヘアメイクやファッション、ライティングなどで相当に見た目を〝つくり込んで〟います。ある意味、〝虚構〟の美女たちです。

ですから、一般の女性たちが、彼女たちと自分を比較するのはナンセンス。どんどん気落ちするだけです。

「自分だって捨てたもんじゃない」と思うコツ

オランダにあるティルブルフ大学のダーク・スメースターズは、62名の女子大学生のうちの約半分に、とても痩《や》せていて、魅力的な女性モデルが出てくる広告を8枚見せてから、自尊心を測定するテストを受けてもらいました。

すると、このグループの女性たちは、みな自尊心が低くなっていました。

次に、それほど魅力的とは思えない女性モデルが出ている広告を8枚見せてから、同じように自尊心のテストを受けてもらいました。

こちらのグループは、みな自尊心が高くなっていました。

「自分もそう捨てたもんじゃないわね」という気持ちになったためです。

この実験結果からも、「上と比べる」ことは心理学的にあまり好ましくないことがわかります。

たとえば、年収1千万円を稼いでいる人でも、年収が1億円の人と比べたら、「彼の10分の1しか自分は稼いでいないのか……」と思い、自分がつまらない人間に思えてしまうでしょう。

そこで、今の自分の年収にちょっと不満な気持ちが湧いてきたら、「もし自分の年収が今の10分の1しかなかったら……」と考えてみるのです。

そうすれば、**「今の自分は、なんて恵まれているんだろう！」**と神さまに感謝もできますし、幸福感が生まれてくるはずです。

「自分より上のだれか」と比べて一喜一憂するのをやめる

コンプレックスは意外と悪くない

本書では「気にしない」ためのさまざまな心理テクニックをご紹介しています。

でも、

「どうしても、このことを気にせずにはいられないんだ！」

ということがあるのなら、いっそのこと、それについて徹底的に悩んでください。コンプレックスがあるのなら、大いに悩んでください。

とことん悩めば、「どうにかしたい！」という意欲が生まれ、それがコンプレックスを克服する原動力になるはずです。

たいして気にならないことなら、「まあ、いいや」と気軽に受け流せ、自分を変革しようという意欲も生まれません。「どうしても気になる！」と悩み抜くから、どうにかしようとする「モチベーション」が生まれてくるわけです。

自分を発奮させるのがうまい人

実際、「コンプレックスがあったからこそ成功した人」は歴史を振り返っても少なくありません。

雄弁家としてその名をとどろかせた古代ギリシアのデモステネスは、もともと重度の吃音に悩まされていました。そのコンプレックスを克服するために血のにじむような努力をし、雄弁家として大成できました。

また、第二次世界大戦時に英国首相として指導力を発揮したウィンストン・チャーチルは、「自分はブサイクである」というコンプレックスに苛《さいな》まれていました。そして、「俺は顔だちでは勝負できないから、弁論で勝負しよう」と考え、国民の心を鼓舞できる名宰相になれたのです。

文豪トルストイも、自分がブサイクであることに悩んでいましたが、その文才を伸ばし、世界的名作を著すことでコンプレックスを乗り越えました。

コンプレックスがあればこそ、人はそれを別の何かで補おうと「頑張る意欲を持つ」ことができます。これを心理学用語で**「補償」**といいます。

背が低いことがコンプレックスなら、だれにも負けないくらい頭がよくなろうと勉強したり、お金持ちになって自分をバカにした人たちを見返してやろうとするのもいいかもしれません。

コンプレックスは建設的な「自己変革のモチベーション」に変えてしまうのが一番です。


「見返してやろう」と思えたら、悩みは小さくなっていく

「面倒をかけてあげる」のもお役目

何につけ気にしがちなタイプの人は、「人に頼る」ことが少々苦手なようです。

「人の迷惑になりたくない」

「何でも自分でやらなくては」

と思ってしまうのでしょう。

でも、意外と人は「だれかに頼られる」とうれしいもの。だから、もう少し甘えん坊になってもいいのです。

手間をかけさせられ、世話を焼かされると、私たちは面倒を見てあげている相手がかわいく見えてくるものです。

米国の政治家**ベンジャミン・フランクリン**（100ドル紙幣に描かれている人です）は、この作戦を使って、どんどん自分のファンを増やしたといわれています。

ここから、あえて相手に面倒をかけさせて好意を得ることを、心理学では**「フランクリン効果」**と呼んでいます。「ベン・フランクリン効果」と呼ぶこともあります。

もっと安心して甘えん坊になっていいのです。

夏目漱石は、夫人のお産のとき、たまたま助産婦が間に合わなかったため、自分でとりあげるハメになった四女の愛子を、ことのほか、かわいがったといいます。

「この子は、自分がとりあげたんだ！」と感じたためかもしれません。

「パーフェクトな人」より「手助けしたくなる人」

なぜかよくかわいがられる人や、人気のある人を思い浮かべてみてください。

その人は「何でも自分でこなせてしまう人」でしょうか。

すべての仕事をパーフェクトにこなせる人でしょうか。

きっとそうではないと思います。

「まったく、あいつは、オレたちが面倒を見てやらないと、ホントに何もできないんだから」

というような、むしろ、ドジで、みんなに迷惑をかけまくっている人のほうが、好かれているのではないでしょうか。


何でも自分でやらなければダメだ、というのは単なる思い込み。

「自分一人では何もできない」と恥ずかしく思ったり、迷惑をかけていると嘆いたりする必要はありません。

あなたの手助けをしてくれる人は、「援助すること」を楽しんでいるのですから、気に病むことはありません。

ドジな人ほど「憎からず」思われる

また、ドジな人に対しても、私たちは「憎たらしい」と思うのではなく、「憎からず」思うものなのです。好ましくて、親しみやすくて、かわいらしいと思うのが普通です。


これについて、英国ハートフォードシャー大学のリチャード・ワイズマンは、あるショッピングセンターで実験してみました。

ワイズマンは、2人の女性アシスタント、サラとエマをショッピングセンターに送り込み、新型ミキサーの実演販売をさせました。

2人はお客さまの前で、新型ミキサーを使ってフルーツドリンクをつくってみせるのですが、サラは、すべての手順を完璧にやってのけます。一方、エマはミキサーのフタを飛ばして全身にフルーツドリンクを浴びてしまいます。

もちろん、あらかじめそうするように指示されていたのですが。

さて、その実演販売を見たお客さまに、サラとエマについての印象を尋ねてみました。すると、エマのほうがはるかに好印象を与えていたのです（ワイズマン著、木村博江訳『その科学が成功を決める』文春文庫）。

「60点でもいいや」と思える自分

多少のドジは、〝ご愛敬〟ではないでしょうか。

「完璧にやらなくては」と思えば思うほど、心は苦しくなっていきます。ドジで、不完全な自分を許してあげましょう。

点数でいうと、「いつでも100点満点」を目指すのではなく、「60点くらいでもいいや」と思うことが大切です。
もちろん、「手抜きをしろ」という意味ではありません。
「頑張りすぎる必要はありませんよ」ということです。

「親しみやすい人」は手助けを受けて世の中をスイスイ渡っていける

自分を「大きく見せよう」としなくていい

自分のことを、「大きく見せよう」とする人がいます。

自分は仕事ができる人間だとか、自分は職場の人気者だとか……。

しかし、いわゆる「虚勢」を張っても、いいことなど何もありません。

虚勢を張っていると、自分のウソがバレないか心配で、いつもビクビクする羽目になります。そして、結局、メッキが剥《は》がれて恥ずかしい思いをすることになりかねません。実力が追いついていないのに、自分を大きく見せようとする姿は他の人から見たら滑稽《こっけい》なものです。

「自分はまぁ、大したことない」と思っておく

私たちは、ともすると自分の能力や才能を過大評価しがちです。

虚勢を張るつもりはなくても、「自分は、まぁ、いい線いってる」と根拠もなく思ってしまう傾向があります。

カナダにあるヨーク大学のマイケル・ラストマンは、運転免許を持っている人たちに「あなたの運転能力はどれくらいですか?」と尋ねました。すると、男性の73%、女性の49%が、「80点以上」と答えたそうです。

また、米国テキサス大学のマーティン・キルドフは、4つの企業に勤める116名に「あなたの職場での人気度は?」と尋ねました。すると、やはり大半の人は「かなりの人気者」と答えたそうです。

虚勢を張らず、「自分はまぁ、大したことない」と思っていること。

そのほうが、謙虚でいられ、周囲の人に好印象を与えます。

自分は人気も、実力も、魅力も、「平凡なのだ」と思っているほうが、「いつメッキが剥がれて恥ずかしい思いをするか」と心配せずにすみます。

バートン・ゴールドスミスは『自信がつく方法』（弓場隆訳、ディスカヴァー）という著書の中で、「虚勢を張っていると、いつまでも自信がつかない」と指摘しています。

「自分は、まあ平凡な人間なんだから、そんなに大きく見せようとしなくていい」

と割り切ってしまえば、心が本当に軽やかになり、自然体でいられるのです。

「自然体のまま」でいられる人が一番強い

「想定外のこと」とどうつき合うか

「リスク・マネジメント」という言葉があります。
よく勘違いされますが、これは、「危機をゼロにしよう」という意味ではありません。
「リスクとうまくつき合っていこう」という意味なのです。

リスクをゼロにすることは、そもそも不可能。できるだけ少なくすることは可能ですが、危機は起きてしまうものです。そして危機に陥ったときに**「被害を最**

小限にとどめよう」というのがリスク・マネジメントの基本的な考え方です。

何であれ、「想定外のこと」は起きます。

そんなとき、どうするかをあらかじめ決めておくことが、リスク・マネジメントです。

最初から「想定外のことは起こるもの」と思っていれば、実際に起きてもパニックにならずにすみますし、「やっぱり想定外のことが起きた」と淡々と対策を練ることができるのです。

「備えている人」は余裕がある

米国フォーダム大学のジョン・ホーツによると、プロ教師が重視するのは、「授業の準備」だそうです。

優秀な先生は、あらゆることを想定しています。クラスに騒がしい生徒がいたらどうやって黙らせるか、おかしな質問をされたら、どうやって切り抜けるか、授業時間が足りなくなりそうになったら、どうするか。さまざまなケースを想定して準備しておくのです。

準備さえしておけば、想定外のことが起きても冷静な対処ができるわけです。

「準備している人」は
どっしり構えていられる

コラム

「ふてぶてしくなっていく自分」を面白がる

年をとったネコは、どんどんふてぶてしくなっていくものですが、人間も同じです。ある程度の年を重ねれば、小さなことが気にならなくなってきます。

深く悩むのは若者の特徴であり、年を重ねるごとに「悩むこと」すら、面倒くさくなってくるのです。

作家の遠藤周作さんは、年をとってきたら、「もうどうでもいいや」という気持ちが強くなってきて、他人にゴマをすったり、ご機嫌をとったりすることもなくなって、気楽でいられるようになった、と述べています（『ヘンな自分を愛しなさい』青春出版社）。

「年をとりたくない！」

「いつまでも若くありたい！」

と願って、アンチ・エイジングに励んでいる人もたくさんいると思いますが、加齢は悪いことばかりでもありません。

何しろ、小さなことに過敏に反応することがなくなり、ストレスも感じにくくなって、はるかに生きやすくなるのですから。

米国アリゾナ州立大学のリチャード・キニアの調査によると、60歳を超えた人の10人に6人は、**「年をとるにつれて、楽観性が高まり、ストレスを感じにくくなった」**そうです。半数以上の人にとって、加齢は「いい方向」に作用するようです。

私も、20代の頃には、自分が人にどう見られているかが気になって仕方がありませんでした。40代になった今では若い女の子に「全然興味がない」と言ったらウソになりますが、頑張って好かれようとは、あまり思わなくなりました。

講演会でも、10年くらい前は、参加者すべてに満足してもらえなければ講師として失格だ、とまで考えていましたが、最近では、そんなふうに思わなくなりました。

「無理やり参加させられた人だっているだろうし、そういう人のご機嫌までとらなくていいや」

と気軽に思えるようになったのです。

年をとることに抵抗感を覚えたり、何となくイヤだなと思ったりしている人は、「年を重ねることはストレスを感じにくくなることなのだから、喜ばしいことだ」と思うように「心の向き」を変えてみてはいかがでしょうか。

4章

無理して「自分を変える」必要はない。

……心にも「深呼吸」の時間をプレゼント

「リハーサル」しておけば焦らない

話すのは苦手だと感じている人は、少なくないでしょう。

でも、人前で話をするのは誰でも気が重いもので、みなさんが話すことに苦手意識を持っていても、特別おかしいことではありません。

私は、綾小路《あやのこうじ》きみまろさんが大好きなのですが、あれほど流暢《りゅうちょう》なおしゃべりで人を笑わせている彼でさえ、本当は話すことが苦手らしいのです。

綾小路さんはじっくりと芸を練り上げてからでないと、舞台に上がれないそうです。そして、番組にゲストで呼ばれて自由におしゃべりをするときは、緊張して汗がとまらなくなり、しどろもどろのコメントしかできなくなるそうです（綾小路きみまろ著『失敗は、顔だけで十分です。』ＰＨＰ文庫）。

話すのが苦手なら、あらかじめ「何を話すか」を決めておくとよいのです。

たとえば、「家族」と「趣味」のことを話そうと決めておき、相手がだれであれ、世間話をするときには、その話題を持ち出すのです。このように話す内容を事前に決めておくと、緊張することが少なくなります。

できれば話す内容を紙に書き出して、丸暗記しておくと、なおよいでしょう。一回覚えてしまえば、会うのがだれであろうと同じ話をくり返せばいいのですから、ずい分、肩の荷が軽くなりませんか？

自分の意見を伝えるのが苦手な人も、どんなセリフを言うかを事前に決めておけば、上手に自己主張できるようになります。

これを「**リハーサル法**」といいます。

「自己主張」にも練習が必要

米国ウィスコンシン大学のリチャード・マクフォールは、自己主張するのが苦手だという人を集めて、リハーサルの訓練を行ないました。

まずは、たとえば、「映画のチケットを買おうと並んでいるとき、列に割り込んでくる人がいました」というような、自己主張しにくい具体的な状況をイメージしてもらいます。

その上で、こういう場合にはどんなふうに自己主張すればいいのかを考え、その言葉を何度も口に出してリハーサルさせました。すると、訓練後には、62・94%の人が上手に自己主張できるようになったそうです。

「私は、人と話すのが苦手」という人に限って、「ノー・プラン」なのです。準備も、リハーサルもしなかったら、上手に話せるわけがありません。

これからは「人前で話す」ときには、しっかりと準備してから臨むようにすれば、苦手意識も徐々に克服できるはずです。

「丸暗記」しておけば緊張もしなくなる

その「ぎこちないところ」が愛される

何かの面接や試験を受けたり、初対面の人に会ったりするときは、ドキドキするもの。

「落ち着かなくては」と思うほど、心臓がバクバクしてくる……そんな経験がないでしょうか。

でも、**「緊張している姿」を相手に見せることは、決してマイナスになりません。**

むしろ、ポジティブに評価してもらえることも多いのです。

「よどみない話し方」に反感を持たれるとき

たとえば、採用面接を受けるとき、あまりにリラックスしすぎていると「生意気そうなヤツ」と見られがちです。むしろ少し緊張しているくらいのほうが、「かわいいヤツ」と思われることもあるのです。

打ち解けすぎた態度は「面接慣れ」しているようにも見え、面接官はあまりよい印象を持ちません。質問に、あまりにもよどみなく答える人に対しては、面接官は、警戒心すら抱くことでしょう。

むしろ、緊張から、少ししどろもどろになりながらも誠実に受け答えする人のほうに好印象を持つものです。

また、女性と話すときも、あまりにリラックスして打ち解けた対応をしていると、「女慣れしすぎているな」と女性は不安を感じます。軽薄な遊び人のように思えてしまうのです。

むしろ、ややぎこちない雰囲気で丁寧に対応する男性のほうが、女性には好ましく見える、ということもあります。

このように「緊張している姿」を見せることは、必ずしもマイナスではありませんし、悪い印象を与えることもないのです。内気で、緊張しやすい人は、どうか安心してください。

赤面を「武器」にしてしまう

オランダにあるマーストリヒト大学のピーター・ディヤングによると、赤面することはむしろプラスの印象を与えるそうです。

真っ赤な顔を見せても、相手は決して悪い印象は受けません。

それどころか、「あっ、かわいい人なんだ」とプラスに受け取ってもらえるそうです。ですから、赤面することを心配する必要など、まったくもってありません。

顔がすぐ赤くなるのを「恥ずかしい」と隠そうとしたりせず、むしろそれを**自分の武器**として、堂々と見せるべきだと思います。

どんな人に会っても緊張しない人や、どんな状況でもまったく動じない人は、たしかに、うらやましいような気もしますが、生意気だとか、尊大だとか、悪い評価を受けることもあるのです。

「緊張している姿」は隠さないほうがいい

たった数秒の〝ワンクッション〟が意外と効く

人前で何か自分の考えを発言したり、プレゼンテーションをしたりしようとするとき、ものすごく緊張してしまうことがあるでしょう。

そんなときは、すぐに口を開いてはいけません。緊張したまま話そうとすると、なおいっそう緊張してしまいますから。

そんなときは「一拍置く」こと。どういうことかというと、とりあえず「無関係な動作を挟んでみる」のです。

咳払《せきばら》いをする、ネクタイを締めなおす、マイクの音量を調整する、資料を机の上でトントンと重ねる、コップに水を入れるなど、とにかく関係のない動作をしてみてください。

「ちょっとだけ別の動作を挟む」と、緊張はゆるんでいきます。

私も、人に会うときに緊張することがありますが、そんなときは座る椅子の位置を変えたり、上着をゆっくり脱いだり、自分のカバンの中をちょっとのぞいたりします。そういう動作をしてから、

「こんにちは。今日はよろしくお願いします」

などと声を出すようにしているのです。

大学の講義を開始するときもそうです。正直に言うと、もう何年も講義をしているのに、私は、毎週緊張しています（笑）。

特に、第一声を発するときには、いつも緊張します。そこで私は、ちょっとチョークに触ったり、黒板を拭いたり、教卓を強く握りしめたりしてから声を出す

ようにしています。すると、なぜか自然な声が出せるのです。

意識は「一度にひとつのこと」にしか向けられない

別の動作をひとつ挟むことによって、意識を別の方向に向けることができます。そうすると、緊張していることも忘れることができるのです。

意識は、一度にひとつのことにしか向けられません。

ですから、緊張を引き起こしている対象に向かっている意識を、まったく無関係の対象に向けることで、緊張状態を和らげることができるのです。

緊張したときは、ハンカチでちょっと額《ひたい》を拭《ふ》くとか、扇子《せんす》で顔に風を送るとか、どんなことでもいいので、動作をひとつ挟むようにしてください。

すると、その瞬間に緊張している自分から解放され、緊張していることも忘れることができます。たった数秒の動作でも、信じられないくらい効果があります。

腕に輪ゴムなどをつけておき、ネガティブな思考が頭に浮かぶたびに、輪ゴムを引っ張ってパチンと鳴らす、というのはよい方法です。輪ゴムを鳴らすたび、「否定的なことを考えちゃダメだ」と自分に言い聞かせるのです。

こういうやり方を **〝思考中断法〟** といいます。

別の動作を挟むのも、メカニズムはこの思考中断法と同じなのです。

ドキドキしてきたら、「思考中断の儀式」を

「これって、むしろチャンス？」と考える

相撲で土俵際に追い詰められるのは、「ピンチ」といえるかもしれません。

けれども、最初から「うっちゃり」（決まり手のひとつ。そのままでは寄り切られるところを逆転する技）を狙っている力士にとっては、むしろチャンスだといえます。

物事は考え方次第で、ピンチもチャンスに変えられます。

ポジティブな、利益をもたらすようなストレスのことを**「ユーストレス」**と呼

びます。

ピンチにあっても、

「これって、むしろチャンスでもあるんじゃないの⁉」

と考えれば、ストレスになるどころか、むしろやる気が高まります。

たとえば、社長から、

「お前の上司の○○が、体調を崩している。だから、今度のプロジェクトでは、お前がリーダーをやれ」

と命じられたとしましょう。

リーダーになれば、プロジェクトが失敗したときには責任をとらねばなりません。

けれども、「自分の実力を見せつける千載一遇のチャンス」とも考えられるのです。

「不安」は「やる気」に転換できる

米国ボストン大学のマイケル・チュゲイドによると、不安や緊張は、考え方次第で、やる気や興奮に変えることができるそうです。

実際、多くのプロスポーツ選手は、不安をやる気に変えています。彼らだって人の子ですから、不安や緊張を感じないわけがありません。けれども、彼らはそういう感情を、うまく「やる気」に転換させてしまうのです。

心臓がドキドキしてきたら、「緊張しているからだ」と思うのではなく、**「気持ちが盛り上がってきたんだ！」**と考えましょう。

手足がガタガタと震えてきたら、「怯《おび》えているから」と思うのではなく、「身体が武者震いをして、喜んでいる！」と思うこと。そうすれば、不安や緊張は、次第にやる気に変わってくれます。

そもそも日本人はピンチをチャンスに変えるのが得意です。

第一次石油危機のとき、世界中の経済が大混乱しましたが、日本企業の多くは、「徹底的に組織を変革するチャンス」「省エネを真剣に考えるチャンス」ととらえ、その危機を乗り切りました。

考え方次第で、ピンチはピンチではなくなってしまうのです。

ピンチに陥ったと思ったら、そんなときこそ、発想の転換を図ってください。

「素晴らしいチャンスが、自分のもとに転がり込んできた」と思えたら、問題の半分は解決していますよ。

それを「ピンチ」にするのも
「チャンス」にするのも自分次第

「ワクワクしてきたぞ」とあえて口に出す

ハーバード・ビジネス・スクールのアリソン・ブルックスによると、不安を感じると、たいていの人は、「落ち着け」などと自分に言い聞かせるそうです。

けれども、これはあまり効果的ではない、とブルックスは言います。

不安を「消す」作戦は、あまりうまくいかないのです。

では、どうすればいいのでしょうか。

ブルックスによると、

「ワクワクしてきたぞ」

「高ぶってきたぞ」

と自分に言い聞かせるほうがいいのだそうです。

自分に向かって話しかけることを**〝セルフトーク〟**というのですが、これを上手に使うと、不安もやる気に変えられるのだそうです。

「落ち着け」と言われても、落ち着けないから……

ブルックスは、採点機能のついたカラオケで歌ってもらうという、とてもユニークな実験をしました。

「自分の歌声を採点される」というのは、だれにとっても多少は緊張することです。歌う前に「落ち着け」と独り言を言わせるグループと、「ワクワクしてきたぞ」と独り言を言わせるグループに分けて、両者の得点を比較してみたのです。

その結果、「落ち着け」と言わせたグループの平均得点が52・98点だったのに対して、「ワクワクしてきたぞ」と言わせたグループの平均得点は80・52点でした。なんと30点近い開きが出たのです。

もちろん、「ワクワクしてきたぞ」と言わせたグループに、歌が上手な人ばかりを集めたのではありません。

不安を感じたときに、「落ち着こう」と自分に言い聞かせても、落ち着けるわけがありません。そうではなくて、「よし、こんなにワクワクしてきた」と自分に言い聞かせるのがポイントです。

そういう独り言をつぶやいていれば、不安の感情をうまく「やる気」に結びつけることが可能になるでしょう。

「不安」を「やる気」に変えるセルフトークを実践してみる

自分に「ポジティブな暗示」をかける

自分に向かってする「言葉かけ」のことを「セルフトーク」というと書きましたが、これには、

「動機づけセルフトーク」
「手続き的セルフトーク」

の2つがあります。

そして、心理学的に見て、よりポジティブな効果が期待できるのは、「動機づけセルフトーク」のほうです。

「動機づけセルフトーク」とは、

「できる!」

「よくやった!」

「この調子でいこう!」

など、勇気づけられるような言葉を自分にかけるというもの。
学校の先生が生徒をホメるときの言葉かけと同じですね。

一方、「手続き的セルフトーク」は、「操作的セルフトーク」ともいわれます。
たとえば、これから人に会うとします。そのときに、

「きちんとヒゲをそったか」
「身だしなみはおかしくないか」
「口臭にも気をつけているか」

など、自分の行動に対して点呼するような言葉をかけるのが「手続き的セルフトーク」です。

自分をやる気にさせる〝威勢のいいセリフ〟

この2つのセルフトークのうち、**やる気を高めるときには、「動機づけセルフトーク」のほうがよい**ことは、英国バンガー大学のジェームズ・ハーディによって確認されています。

ハーディは、ゲーリック・フットボール（アイルランド発祥の手足を使うサッカー）の選手の協力を得て、フリーキックを12回してもらいました。

その半数には、動機づけセルフトークのやり方を教え、キックする前に「よーし、いくぞ！」といった声かけをさせました。

残りの半数には、手続き的セルフトークのやり方を教えて、「目標よーし、角度よーし、踏み込みよーし」といったセルフトークをさせました。

すると、フリーキックに成功する回数が多かったのは、動機づけセルフトークをしたほうでした。

確認作業を行なうようなセルフトークも、効果がありそうな気がしないでもないのですが、実は「動機づけセルフトーク」のほうがよいのです。

自分に対して何か言葉をかけるときには、**自分を意欲的にさせるような言葉を**選ぶこと。セリフは何でもいいと思いますが、

「お前は最高だ！」

「きっと、うまくやれる！」

「お前ほど、カッコいい人間はいない！」

といった気分が盛り上がる〝威勢のいいセリフ〟を自分なりに決めておくといいでしょう。

気分が盛り上がると、それにふさわしい結果がついてくる

「緊張」はしても疲れなければいい

前人未到の永世七冠を達成した将棋の羽生《はぶ》善治《よしはる》さんは、雑誌の取材などで「緊張が続くと疲れませんか？」とよく聞かれるそうです。

羽生さんによると、緊張はしているものの、「疲れはしない」そうです。

「緊張状態が続いていても、その緊張に慣れてしまえば疲れなくなってきます。どうして疲れるのかというと、それは慣れないことをするから。どんなことでも慣れてしまえば、疲れません」（羽生善治著『捨てる力』ＰＨＰ文庫）

たとえ緊張状態が続いても、それに慣れてくれば、疲れなくなるのですね。

たとえば、人見知りが激しい人、恥ずかしがり屋な人でも、何年も営業の仕事をしていれば、人に会うときはあいかわらず緊張するかもしれませんが、それなりに人と話せるようになり、あまり疲れなくなるでしょう。

私は大学で教えていますし、セミナー講師もしているので、人前で話すことはよくあります。それが仕事なので、さすがに人前で話すことにはもう慣れましたが、今でもやはり緊張はします。

けれども、講演や講義が終わった後に、「倒れ込みそうになるほど疲れる」ということはなくなりました。

「不動の心」なんて目指さない

「緊張をなくす」ことは不可能だと思います。

どんなにメンタル・トレーニングを積んでも、〝不動の心〟は一部の特別な人以外、手に入れられないのではないでしょうか。

しかし「緊張をなくす」ことは無理でも、緊張はしても疲れなくなることは可能なのです。

米国ウィスコンシン大学のジャニー・ピラヴィンは、1846名の献血者について調査し、初めて献血をする人は、不安や緊張などを強烈に感じることを明らかにしました。

ところが、2回、3回と献血をしている人は、そういう感情がどんどん薄れていきました。そして、16回以上も献血をしている人は、不安や緊張をほとんど感じていないことも明らかになりました。

血を抜かれるのは怖いことかもしれませんが、16回以上も献血をしていたら、さすがに慣れてしまうということです。

何かのお役目で、ちょっとプレッシャーのかかることがあったとしても、そういう状況を何度か経験していくうちに緊張にも慣れ、けっこう〝へっちゃら〟になる、ということです。

「場数をこなす」ほど、いろんなことが〝へっちゃら〟になる

#「出会う人すべてに感謝」できる人

ストレスに強い人には、とても面白い特徴があります。

彼らは、**他の人の顔が、なぜか笑顔に見えてしまう**というのです。

米国カリフォルニア大学のエリティバリズ・アースは、65名の大学生に、ストレスや逆境にどれくらい強いかを測定する「ストレス耐性テスト」を受けてもらいました。

次に無表情の人の顔写真を見せて、「この人は今、どんな感情を抱いていると思いますか？」と質問したのです。

すると、ストレス耐性テストで高得点をあげた人ほど、無表情な顔を見ても、「ハッピーな顔だ」と認識することが多かったのです。

逆に、ストレス耐性テストであまり高い点数をあげられない人たちは、無表情な人の写真に対して、「この人は悲しそう」とか、「恐怖を感じている」と認識したそうです。

相手の表情にどんな自分を「投影」する？

この心理実験を誰かに試してみると、その人のストレス耐性度を簡単に見抜くことができます。

たとえば、街中を歩いている人たちを一緒に見ながら、「あの人は今、どんな感情を抱いていると思いますか？」と質問し、反応を見てみればよいのです。

「疲れ切っているように見える」とか、「休みたいと思っている」などとネガティブな反応をする人は、おそらく自分自身がそういう感情を抱いているのでしょう。

自分自身がそうだから、他人もそうだと推測してしまうのです。こういう人たちは、ストレスにあまり強くないと考えられます。

反対に、道行く人の顔を見て、「楽しそう」と答える人は、ハッピーな気分が満ち溢《あふ》れており、ストレスにも強いと類推できます。

「出会う人すべてが、みんな私によくしてくれる。なんてありがたいことだろう！」

と感謝できる人は、周囲の人たちがみなニコニコと微笑んでいるように見えているに違いありません。

そういう人は、ストレスへの耐性力が高いはずです。

心の中には、いつでもポジティブな感情を持ちましょう。

幸福感、高揚感、活力、意欲といったものに溢れていれば、ストレスを感じにくくなります。

そのためのセルフチェックとして、「他の人の顔がどう見えるか」を確認するようにしてください。

周囲の人たちが微笑んでいるように見えるのなら、きっとみなさんは調子がいいはずですし、心も元気なはずです。

「他人の顔」は自分の活力を知るバロメータ

イヤなことを「道楽化」してしまうコツ

人間の才能のひとつに、イヤだと思うこと、苦痛を感じるようなことでも、**「道楽化」**できてしまう、というものがあります。

これは、相当、特殊な才能です。そしてまた、だれにでも備わっている能力でもあります。

この能力が活かされている典型が、登山やマラソンです。

なぜ、重い荷物を担《かつ》いで急な山道や危険な雪山をわざわざ登るのでしょうか。

どうして炎天下、あるいは寒風吹きすさぶ中、何十キロも延々と走りつづけたりするのでしょうか。

それは、やっている本人にしかわかりませんが、「楽しくて仕方がない」からでしょう。

どんなことも「プラスに意味づけ」する

「今の仕事って、つまらない」

「私ばっかり雑用を押しつけられてイヤになっちゃう」

もしかしたら、あなたは今、こんな不満を持っているかもしれません。でも、どうせその仕事をするのなら「道楽」だと思ってやってみませんか。

面倒くさい家事にしても、

「キレイになっていく部屋を見ると、気分がスッキリする」

「アイロンがけも、集中してやると、けっこう面白い」

と思える人だっているのです。

結局、「本人がどう思うか」「どう物事を解釈するか」で、感じ方も変わってくるのです。

何時間も外回りの営業をしなくてはならないときも、

「無理やり、やらされている」

と考えるのではなく、

「会社からお金をもらいながら、大好きな街中の散策をさせていただいている」

とでも考えればいいのです。

そんなふうに**「プラスに意味づけ」**ができれば、なんと素晴らしい仕事なのだろう、と神さまに感謝できるかもしれません。


結局、あらゆることを「ポジティブに解釈できる人」が得をする

コラム

「とにかく動く！」

作家の曽野綾子さんは、『自分をまげない勇気と信念のことば』（WAC）という著書の中で、戦時中の経験について語っています。

曽野さんによると、防空壕の中に隠れて、じっと身を潜《ひそ》めているだけのときには、爆弾が怖くて怖くてたまらなかったそうです。

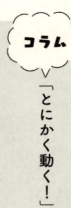

けれども、防空壕の外で、バケツリレーなどの消火活動を必死になってやっているときは、不思議と恐ろしさを感じなかったといいます。

防空壕の外では、爆弾がボンボン落ちてくるのを目のあたりにするのですから、防空壕にいるときより怖いのではないかと思われるかもしれません。しかし、積極的に身体を動かすことで、不安はどこかへ吹き飛んだそうです。
あなたも不安には、積極的に立ち向かってください。
避けようとすると、かえって不安に身がすくんでしまうからです。

米国オレゴン大学のキャラ・ルイスは、青少年抑うつ研究というプロジェクトに参加した人たち332名に、抑うつを減らす実験をしました。
参加者を抗うつ剤を与えるグループ、思考を変えるトレーニングをするグループ、プラセボ（偽薬《ぎやく》）を与えるグループ、何か行動をさせるグループに分けたのですが、もっとも治癒効果が大きかったのは、**「行動をさせるグループ」**だったそうです。

何でもいいから行動してみる。これが一番簡単で、しかも一番効果的なうつを吹き飛ばす方法なのです。

行動していると、気が紛れます。しかも、それが「好きなこと」「熱中できること」であれば、申し分ありません。

小さな子どもは、遊びに熱中しているときには、他のことなどまったく眼中にありません。声をかけても、耳に入らないかのようです。

あなたも、自分の「好きなこと」に次々とチャレンジしてください。きっと、「遊びに熱中している子ども」と同じように、他のことなど考えている暇がなくなります。

イヤなことをやろうとすると、どうしても集中できずに、不安が頭をよぎります。自分が「心から楽しい」と思えることをやってみることです。

5章

いらない感情を手放す「心のお稽古」。

……「気持ちの整理」がうまい人とは？

「新しい洋服」のパワーを借りる

新しい洋服に身を包むと、気分が一新して、つまらないことは忘れてしまったりするものです。

何かイヤなことや気分が滅入ることがあったときには、洋服を買いに行くといいでしょう。

できれば、明るい色の、派手な服を買うといいと思います。せっかくですから、今まで着たことがないような洋服にチャレンジするのもいいですね。

実際、米国ニューヨーク大学のマイケル・ソロモンは、『サイコロジー・トゥデイ』誌に、「新しい服を買えば、うつも吹き飛ぶ」という内容の論文を発表しています。

冬こそ〝鮮やかな色〟の服を選ぶ

私たちの心理は、自分が着ている洋服の影響も受けます。
茶色や黒などの地味な色の洋服を着ていると、心も陰鬱《いんうつ》になりがちです。一方、鮮やかな黄色、ブルーなど、明るい色の洋服に身を包んでいると、晴れやかな気分になってくるのです。

冬になるとグレーや黒のコートを着ている人が多いですね。
しかし、暗い色のコートを身につけていると、気分も落ち込んでしまうのではないかと心配でなりません。私自身は、青のコートを着るようにしています。

冬になると、人間の心はただでさえ、暗くなる傾向があります。

これを**「季節性感情障害」**といいます。

だから本当は、冬にこそ気分が落ち込まないように、鮮やかな色の服を着たほうがいいのです。

意識してちょっと若々しい色や柄のものを選んだり、シャツも明るいブルーのストライプにしたりと、気分がネガティブな方向に引っ張られない装いを心がけてください。

「ちょっと派手すぎるかな」くらいの服にチャレンジ

「新しい洋服に身を包む」という心理テクニックのいいところは、**だれでも絶対確実に実行できること**。

たしかにお金はかかりますが、「難しくて、できない」ということはありません。

だれでもお金を払えば、新しい洋服を買えるからです。

自分の好みで洋服を選ぶと、どうしても地味な感じのものばかりになってしまう人は、店員さんに選んでもらいましょう。

「できるだけ華やかな印象になる洋服を選んでください」

「できるだけ若々しいイメージの洋服を」

とお願いすれば、華やかで、かつあなたに似合う服を店員さんが提案してくれるはずです。

「ちょっと派手すぎるかな？」と思うくらいのもののほうが、気分を変えるのには役に立ちます。明るい色の新しい服を着れば、気分もウキウキし始めて、悲観的なことなども、あまり考えないようになるでしょう。


「明るい色の服」を着ていると気分まで明るくなる

自分なりの「ルーティーン」を決めておく

スポーツ選手は、やる気や集中力を引き出すための「スイッチ」を持っています。

でも、そういう**「やる気スイッチ」**を持てることは、スポーツ選手だけの特権ではありません。持とうと思えば、だれでも持てるのです。

「やる気スイッチ」をつくる方法のひとつが、**「ルーティーン」**を決めること。

ルーティーンとは、何かをする前に必ず行なう決められた一連の動きのことです。

有名なのがバッターボックスに入る前のイチロー選手の動作。

イチローはいつも、ネクストバッターズサークルに入るとすぐに決まった動作でストレッチを開始し、バッターボックスに入ってからもやはり、いつも同じ動作をして、集中力を研ぎ澄まします。

ラグビーの五郎丸歩《ごろうまるあゆむ》選手も、キックに入る前に、指を独特の形で組んでいましたが、「五郎丸ポーズ」として知られている動作ですね。

あなたも「これをすると、自分は最高のパフォーマンスができる」という動作を決め、習慣化してください。

いったん習慣化されれば、その動作をするたびに、やる気にスイッチが入ったり、集中力が高まったり、不安を吹き飛ばしたりできるようになります。

「ピークパフォーマンス」ができる人

オーストラリアにあるクイーンズランド大学のルース・アンダーソンは、世界選手権、オリンピックに出場するカヌーや水泳、飛び込みの選手17名に、「ピークパフォーマンスのために、何か特別なことをしていますか?」と尋ねてみました。

すると、17名中10名が、「ピークパフォーマンスのためのルーティーンがある」と答えました。

トップレベルの選手は、「最高の力」を出し切るために、決まって行なう動作があるのです。

ちなみに「ピークパフォーマンス」とは、精神が研ぎ澄まされた最高のパフォーマンスができる状態を指します。よくスポーツ選手が「ゾーンに入った」という言葉を使います。「絶好調の精神状態」のことですが、ピークパフォーマンスも、それと同じです。

読者のみなさんも、ひとつでも構いませんので、自分なりにルーティーンを決めておくとよいでしょう。

たとえば仕事に取りかかる前に、1分間ほど瞑想するのでもいいでしょうし、ボールペンの先を見つめるのでもいいかもしれません。

作家のアガサ・クリスティは、台所で皿洗いをするのがルーティーンだったそうです。皿洗いをしながら、推理小説のストーリーを練っていたのでしょうか。

いったんルーティーンが形成されれば、あなたもきっと、簡単に最高の力が出せるようになります。

アガサ・クリスティは「皿洗い」が傑作を書くためのルーティーンだった

心が強くなる「便利なアイテム」

私たちは、泣いていると悲しくなってきますし、笑っていると愉快な気持ちになってきます。

両手を腰に当てて威張るポーズをとっていると、心に「強さ」が漲《みなぎ》ってくる、というデータもあります。

つまり、**私たちの心は何らかの身体的なアクションが引き金になって変わっていく**、ということです。

プロゴルファーの**タイガー・ウッズ**は、臨床心理学者のジェイ・ブルンザから催眠療法の訓練を受けることで、「あることを引き金として、いつでもトランス状態に入れるようになった」といいます。

ただし、どんな「引き金」を活用しているのかは、秘密だそうです。

ゆっくりと目を閉じ、またゆっくりと目を開くという動作を2、3回くり返すことが「引き金」ではないか、というのがゴルフ・ジャーナリストのジョン・アンドリサーニの推測ですが、本当のところはわかりません（ジョン・アンドリサーニ著、小林裕明訳『タイガー・ウッズの強い思考』日経BP社）。

ともあれ、タイガー・ウッズがショットに入るときの準備動作は、まるでパイロットが離陸時に行なう確認作業のように一定で、規則的です。

これらの準備動作が引き金となって、よいショットが生まれるのかもしれません。

「3週間、続けてみる」だけでいい

では、こういうルーティーンは、どれくらいの期間で身につくのでしょうか。

タイガー・ウッズのキャディを務めていたスティーヴ・ウィリアムズによると、最低でも3週間の訓練は必要のようです。

彼によると、握りこぶしをつくって、セルフトークをするのもいいそうです。そのこぶしで胸を叩いたりするのもいいでしょう。

この訓練を日に2回、3週間続けてやれば、「身体的なスイッチ」ができあがるといいます（スティーヴ・ウィリアムズ、ヒュー・ドレーシー著、滝沢宏訳『タイガー・ウッズのスーパーキャディが明かすゾーンメンタルトレーニング』日本文芸社）。


最低でも3週間とは、けっこう大変だと思われるかもしれませんが、ルーティーンはいったん身についてしまえば、いつでもどこでも、自分に活を入れたいときに利用できます。

簡単な動作、簡単なイメージ、そして簡単なメッセージ（「俺ならできる」といったセルフトーク）を決めて、1日に2回くらい、動作とイメージとメッセージをくり返すトレーニングをしてみてください。

きっと、いつでも集中状態に入れる「便利なスイッチ」ができあがります。

「集中状態」に一瞬で入れる便利なスイッチをつくるコツがある

「作業分割法」で、もう大慌てしない

なぜかいつも後手に回ってしまう、予想外のことが起きて立ち往生してしまう――そんな人に限って、

「自分としては計画を立てているつもりなのですが……」

と言い訳をしたりします。

でも、実際のところは、「大雑把《おおざっぱ》なところ」だけを決めて、「あとはなるようになる」などと考えていたりするものです。

「大慌て」しないためのコツは、**自分がやるべき作業を、できるだけ細かく分割**

すること。

まず作業を細分化し、それから個々の作業について、どれくらいの時間がかかるか、見通しを立てるのです。そして、それぞれの作業について見積もった時間を合計したものが、「最終的にかかる時間」になります。

これは〝作業分割法〟と呼ばれますが、とても有効であることが心理学の実験でも確認されています。

「大雑把な自分」を克服する方法

米国イリノイ大学のジャスティン・クルーガーは、ある大学生のグループに、「デートの準備にかかる時間」を見積もるよう指示しました。

ところが、実際のデート当日に、見積もった時間通りに身じたくできた人は、ほとんどいませんでした。大半が、大幅に時間をオーバーしたのです。

次にクルーガーは、別の大学生グループに、「デートの準備」とは具体的に何をしなければならないか、細かく挙げさせました。

たとえば、「シャワーを浴びる」「着替える」や「化粧をする」などです。

そしてシャワーを浴びるのに25分、着替えに10分、化粧に15分、といった具合に、それぞれの作業にかかる時間を個別に見積もらせ、その合計時間を「デートの準備にかかる時間」と認識させました。

すると、こちらのグループが見積もった時間は、実際にデートの準備をしたときにかかった時間とほとんど同じでした。


人間は、基本的に大雑把なところがありますから、細かいことをうっかり見落としているものです。

でも、自分がやるべき作業を事前にできるだけ細かく分割して考えておくと、

「ああ、これも忘れていた」

「あれもやっておかなくては」

と、その場になって焦ったり、あわてたりすることがなくなります。

いつも段取りが悪くて大慌てしている人は、「作業分割法」をぜひ試してみてください。
ポイントは、作業をできるだけ細かく分割することです。

「細かく分割」しておけば、焦らない、あわてない

「感情」を紙に書き出してみる

何か悩みごとがあったりするとき、頭の中だけであれこれ考えていると、思考が堂々巡りをして、収拾がつかなくなりがちです。そうならないためにも、「頭の中の考え」を、紙に書き出していくことをおススメします。

これは、**「メンタル・ライティング」**と呼ばれるテクニックです。

頭の中で、「どうしよう、どうしたらいいかな」と悩んでいるだけでは、積極的な考えや解決策もあまり浮かんできません。

つまり、思考が堂々めぐりをし、ただただ悩みつづけることになるのです。

一方、紙に書き出すと、それだけでも気分がスッキリしてきます。

「悩みをきちんと吐き出せた」という気持ちになれるからでしょう。

「メンタル・ライティング」でうつうつ気分が晴れていく

イタリアにあるサクロ・クオーレ・カトリック大学のパオラ・ブラシオは、出産を控えている113名を対象に、「メンタル・ライティング」の心理効果について調査をしました。

出産を控えている人、あるいは出産直後の女性は、理由もなく不安になったり、気分が落ち込んだりすることが多いのですが、気持ちを紙に書き出すことでスッキリするかどうかを調べたのです。

ブラシオが、出産直後と3カ月後に、うつやストレスの状態を調べたところ、メンタル・ライティングの指導をしなかったグループでは16・0％の人がうつやストレスに悩まされていたのに対し、メンタル・ライティングをしたグループでは、8・8%でした。

また、同じグループを対象にPTSD（心的外傷後ストレス障害）の指標（悪夢、イライラなど）についても調べたのですが、6つ以上の指標に当てはまった人の割合は、何もしなかったグループが30・0%であったのに対して、メンタル・ライティングをしっかりやったグループでは、10・5%でした。

感情を紙の上に書き出す、というやり方は効果的だったのです。

イヤな感情は、とにかく書き出してみること。

ブログやツイッターでも感情を吐き出すことはできるかもしれませんが、他人の目に触れてしまいます。それを読んだ人たちに「愚痴っぽいヤツだな」という悪いイメージを持たれてしまうかもしれません。

その点、自分しか目にすることのないノートや、裏紙などに悩みを書き出すのであれば、他人の目に触れる心配はありません。

イヤな感情を紙にすっかり書き出したら、その紙をビリビリと細かく破きましょう。

そうすると、気分が晴れやかになって、「さあ、明日からまた頑張ろう！」という意欲が生まれてきます。

イヤな感情を紙に書き出し、ビリビリ細かく破ってスッキリ！

自分の心の動きを「実況中継」すると……

「自分が今、どんなことを感じているのか」を意識する習慣を持つことは、とても大切です。

「自分の感情の動きを意識する」ことは、「神経質になる」こととは違います。

それは、**自分の感情を「客観化する」**ということです。

そして、感情を客観化できると、その感情を上手にコントロールできるようになります。

ちょっとしたことで緊張する人は、「頭の中が真っ白」になりやすいようです。
しかし、自分の感情をきちんと意識できる人は、そういうことがあまりありません。
そして、

「おおっと、私は今、緊張していますね」
「おや、手足も多少、震えてきたようです」
「さて、これから私は、どうなってしまうのでしょうか」
「うまくこの場を切り抜けられるのでしょうか」

などと実況中継をすれば、自分自身のことを客観的に見つめることができます。
そして、こういう実況中継をやっているうちに、なんとなく気持ちが紛れてきて、いつのまにか緊張状態から脱しています。

「マインドフルネス」で心が穏やかに

自分自身の今現在の「感情」や「外的な経験」に意識を向ける心のエクササイズとして**「マインドフルネス」**が話題になっています。

実際、米国デューク大学のマーカス・ロドリゲスは、マインドフルネスの心理的な効果について調査したところ、風に髪がなびいたり、日の光が顔に当たったり、といった「今現在の外的な経験」に意識を向けることで、ストレスも減らせることを確認しています。

普段の自分の「感情の動き」に細やかに注意を払ってみてください。

そして、歩くときには、足の裏にしっかりと自分の体重がかかっていることを感じ、自分の呼吸が落ち着いているかどうかを意識してみてください。頭のてっぺんからつま先にまで、意識が行き届くようにするのです。

そういうトレーニングをしていると、自分の感情を冷静に見つめられるようになります。

私たちは、自分自身のことをだれよりもよく知っているようでいて、実はあまりよくわかっていません。

呼吸が浅いのか深いのか、心拍数が落ち着いているか、血液の流れは速いのかゆっくりなのか、身体がポカポカしているように感じるのか、それとも冷たく感じるのか――そうしたことにたいていい、無自覚です。

けれども、そういう細かいところまで意識するようになると、もっと自分自身を知ることができ、自分の感情をコントロールするのもそんなに難しいことではなくなるのです。

冷静に自分を見つめるための「心のエクササイズ」を習慣にしよう

「裸足」で土の上を歩いてみる

私の下の息子が通っていた幼稚園では、ときたま園児たちに園庭を裸足《はだし》で遊ばせる、ということをやっていました。

当初、私は、冬場の乾布摩擦《かんぷまさつ》のように、「身体を健康にするためなのかな?」くらいに思っていました。「面白いことをしているな」とは思いましたが、さして気にも止めていなかったのです。

けれども、最近、ある論文を読んでいて、**「裸足で歩くこと」**が感情面に非常

によい効果をもたらすことを知りました。

靴下を脱いで裸足になり、土の上を歩いていると、私たちはとても晴れやかな気分になるそうです。

米国カリフォルニア大学のガータン・シェヴァリエは、中高年のボランティアを集めて、ある調査を行ないました。

集めたボランティアの人たちの平均年齢は53・5歳だったのですが、これくらいの年齢の人たちはホルモンバランスの変化などもあって、気分が激しく落ち込んだりすることが多いものです。

シェヴァリエは、1週間にわたって、彼らに裸足で土の上を歩いてもらいました。すると、幸福感や爽快感といったポジティブな感情が高まることがわかりました。

活力も漲ってきて、みんな元気になったそうです。

「母なる大地」と「心」を共鳴させる

なぜ、裸足で土の上を歩き回るだけで、ポジティブな感情が高まるのか、そのメカニズムについては、よくわかっていません。

足裏が土の表面によって刺激されることで、指圧のような効果が期待できるのかもしれません。

あるいは、「母なる大地」にじかに身体が触れることで、私たちの心が感動で震える、という可能性もあります。

「地に足がついている」という表現は「心や考え方が安定していること」といった意味に使われますが、まさに「母なる大地」のパワーによって心が落ち着きをとり戻すのかもしれませんね。

いずれにしろ、**「裸足で歩き回るのは、心理的な健康度を高める上で、ものすごく効果的」**なことが、心理学の調査でも明らかにされているのです。

裸足で街中を歩き回るのはさすがに無理ですから、自宅の庭や公園などで試してみてください。

シェヴァリエによると、裸足で歩くだけでなく、土の上に寝っ転がったりすることも効果的のようです。

ハイキングに出かけたときなどにも試してみるといいかもしれません。

「地に足がついている」と
心が落ち着きをとり戻す

未来を「望むとおり」に展開させる方法

自分の「望む結果」を手にするために「イメージ・トレーニング」が推奨されることがあります。このイメージ・トレーニングには、

「結果シミュレーション」

「プロセス・シミュレーション」

の2通りの方法があります。

一般に、イメージ・トレーニングというと、「バラ色の未来をひたすら想像すること」だと考えられていますが、こちらは、「結果シミュレーション」と呼ばれるやり方です。

しかし、「望む結果」を手にするためには、**物事のプロセスに沿って、具体的にイメージしていく「プロセス・シミュレーション」というやり方のほうが効果的**です。

ゴルフで言うと、ボールがカップインして自分が大喜びしている場面だけをイメージするのが「結果シミュレーション」。

一方、ボールを見つめながら、風に揺れる周囲の木々まで鮮明に頭に思い浮かべ、ゆっくりとスイングし、打ったボールの軌道を目で追う。そして、ボールが地面に落ちて転がっていくところをイメージし、最後にカップインする――ここまで細かくイメージしていくのが、「プロセス・シミュレーション」です。

心理実験が教えてくれる「願望実現」法

米国カリフォルニア大学のシェリー・タイラーは、大学生を対象にした「イメージ・トレーニング」に関する心理実験を行ないました。

タイラーは試験勉強をしている大学生を2グループに分けました。

一方のグループには、「自分がとった点数を、ただイメージする」結果シミュレーションをしてもらいました。

そして、もう一方のグループには、「試験までに、どんな勉強をするか、何にどれだけ時間を費やすか、どこで勉強をするのか」など、「具体的にイメージする」プロセス・シミュレーションをしてもらいました。

2つのグループの大学生たちは、実際にどんな点数をとったのでしょうか。

「結果シミュレーション」をさせたグループの平均は67・61点、「プロセス・シミュレーション」をさせたグループの平均は73・18点だったそうです。

「自分がお金持ちになったところをとにかくイメージすれば、お金持ちになれる」などと書いてある本もありますが、こういうイメージ・トレーニングには、たいして効果がないということです。

お金持ちになりたければ、より細かく、より具体的に「お金持ちになっていくプロセス」をイメージしてください。

自分が必死になって頑張っている姿、それを見て感動してくれるお客さまや家族などを具体的に思い描けば、イメージ・トレーニングの効果はじわりと効いてくるはずです。

願いがかなっていく過程を“ありありと”思い描いてみる

「楽しい！」「面白い！」を口グセにする

お腹が空いているときは、どんなものを食べてもおいしいと感じるもの。

同じように、心が高揚していたり、喜びに満ち溢れていたりするときは、何をしていても楽しく感じるものです。

逆に、心が疲れていたり、何か不安や心配なこと、気がかりなことがあったりするときは、何をしていても、あまり楽しく感じられないものです。

これは心理学の調査でも明らかになっています。

米国サザン・イリノイ大学のトーマス・シルは、１００名を超える大学生に、個人的な活動（読書や音楽を聴くなど）、社会的な活動（だれかと夕飯を食べるなど）、身体的な活動（スポーツや散歩など）について、「どれくらい自分が楽しめているか」を尋ねました。

加えて、その大学生たちの「抑うつの度合い」についても調査しました。

すると、抑うつ的な人ほど、どんな活動をしていても喜べないし、楽しめない、ということが明らかになったのです。

「どんなことでも楽しい」境地に到るには？

小さな子どもは、つまらないことでも大笑いします。

鬼ごっこや缶けりなど、大人からすれば何が面白いのかと思うようなことも、飽きることなく楽しそうにやっています。

子どもにとっては、どんなことも楽しいのです。

ところが、大人になるにつれて、笑う頻度《ひんど》も減っていきます。

子どもの心は、豊かさで満ち溢れているのに、大人になるにつれて知らず知らずのうちに心が貧しくなっていきます。だから、何をしても面白いと感じられなくなるのです。

「愉快な気分」が広がっていく小さな心がけ

では、どうすれば心の豊かさを保っていけるのでしょうか。

まずは、「つまらない」とか「面白くない」という言葉を口に出すのを金輪際やめることです。

その代わりに、**「これって面白い！」「これって楽しい！」**という言葉を口にするようにするのです。

「面白いな」を口グセにすると、私たちの心は本当に楽しくなってきます。

「楽しい」と口に出せば、本当に心の中には楽しさや愉快な気分が広がっていくのです。

どんな料理でも、「うまい！」という言葉を発しながら食べると、本当においしく感じられます。どんな言葉を口にするかによって、私たちの心は影響を受けます。

心を豊かにしたいのであれば、「心が豊かになっていくような言葉」を発することです。

「つまらないな」と思ったときほど、「面白くなってきた！」と言ってみる

いつも「前向きな言葉」で自分を勇気づける

「理屈と軟膏《なんこう》はどこへでもつく」ということわざがあります。

「理屈は、つけようと思えば、どんなことにもつけられる」といった意味です。

そして、「言い訳」もまた、自分にとって都合のいいことを言おうと思えば、いくらでも言いつのることができる種類のものと感じます。

しかし、言い訳ばかりしていては、人生が停滞して、面白みに欠けたものになっていきます。

なぜなら、言い訳とは、「今のままでいい」「自分は変わりたくない」と言っているのと同じだからです。

言い訳ばかりしているスポーツ選手が技術を磨いて、強くなることはできるのでしょうか。

ノルウェーの私立大学、ノルウェー・スポーツ科学大学のエリック・ホフセスは、14歳から21歳までのサッカー・プレミアリーグのユースクラブに在籍する選手589名に、どれくらい自分に言い訳をするかを尋ねました。

そして、各選手のサッカーの技術についてコーチに点数をつけてもらいました。

その結果を見ると、言い訳ばかりしている選手ほど、コーチからは「技術がない」と評価されていることがわかりました。

「今日は調子が悪いから本気で走れない」

「食事をしていないからやる気が出ない」

などと、言い訳ばかりする選手は、技術がいつまで経っても向上しないのです。

「だいじょうぶ。自分はもっとうまくやれる」

言い訳をするのは、簡単です。

人間は、自分にとって都合のいい言い訳をいくらでも思いつくことができます。

私たちは、言い訳をする名人なのです。

けれども、それでは、自分を向上させることができません。

「両親がおバカさんだったから、自分もそんなに頭がよくない」という言い訳をして、まったく勉強をしない人がいます。

自分が努力していないことを、両親のせいにしているのです。

「両親がお金持ちじゃなかったから、私も貧乏だ」という人もいます。

けれども、お金持ちの両親がみな資産家だったのかというと、そんなことはありません。

親から資産を受け継いでお金持ちになった人もいるでしょうが、「自分の努力と才覚でお金持ちになった人もいる」という事実を見落としているのです。

言い訳を始めたとたんに、私たちは行動する意欲を失ってしまうものです。

だから、これからは言い訳の言葉がのど元まで出かかっても、グッと飲み込むこと。そして、**「だいじょうぶ。自分はもっとうまくやれる」**と考えましょう。

そのほうが、人は前向きに、積極的に生きていけるものです。

積極的に生きるほど
人生はもっと面白くなる

コラム

とにかく「何でも試してみる」

本書では、いろいろな心理テクニックをご紹介してきましたが、なかには、「これは自分に向いていないな」と感じるものも、あったかもしれません。

医薬品でも、効き方に個人差があるように、同じ心理テクニックでも、ある人には非常によく効いても、他の人にはあまり役に立っているように感じられないこともあるでしょう。

大切なのは、**とにかく何でも「自分で試してみる」**こと。

実際に試してみないことには、本当に役に立つかどうか、わかりません。

私は年間に500冊くらいのビジネス書や自己啓発書を読んでいると思います。そして、そこに書かれていることをあれこれ自分でも試していますが、「効くもの」もあれば、そうでないものもあります。

たとえば、ある本に「お金持ちになりたければ、長財布を使ったほうがよい」と書いてあったので、二つ折りの財布と長財布の両方を試してみましたが、私の場合はどちらでも何も変わりはありませんでした。

「長財布にしたらお金持ちになれた」ということもありませんでしたし、「二つ折りの財布にしたら仕事がこなくなった」ということもありませんでした。

また、仕事で成果をあげるためには「机の上を整理整頓しておきなさい」という本もありました。

けれども、机の上が散らかっていても、整理整頓されていても、私の仕事の能率は、さして変わりませんでした。1カ月に1度は片づけているので、机の上はキレイなほうだとは思いますが、忙しいときには散らかったままで仕事をしています。

ともあれ、ひとつ確実に言えることは**「自分で実際に試してみるまでは、何もわからない」**ということです。

「これも実験だ」と思って、とりあえず「効く」といわれたことをいろいろ試していけば、それだけで行動的になれますし、行動すれば迷いや不安も吹き飛んでいきます。

「何もしていない」のが一番悪いのであって、**「何でもいいから、とにかくやってみる」**という気持ちで行動していれば、不安にならずにすみます。

とにかくこの本で述べてきたアドバイスを、ぜひ片っぱしから試してみてください。

「自分は今、新しい心理テクニックを試しているんだ」という意識を持つだけでも、「気になるあのこと」について悩んでいる時間が減っていきますよ。

あとがき――「感情に振り回される自分」と手を切ろう

だれにでもあるモヤモヤした思いや、くよくよ、イライラ、不安。そんな心を少しでも軽くするお手伝いができたら……そんな気持ちで執筆したのが本書です。

みなさんの心を軽くするための方法をお教えするにあたっては、さまざまな文献にあたって「心理学的な裏づけ」をとることを心がけました。

そしてまた、「心のメカニズム」の「本当に大切なポイント」「エッセンス」だけを抽出することを念頭に執筆しました。

ときどきパラパラッと「見出し」を眺めるだけでも、「感情に振り回されない

ための ポイント」がつかめるでしょう。

本書のテクニックをどんどん活用していただきながら、一人ひとりが、楽しい人生を歩むことができることを願っています。

最後に、ここまでおつき合いくださった読者のみなさまに、心よりお礼を申し上げます。ありがとうございました。

またどこかでお目にかかりましょう。

内藤誼人

Psychological Reports, 99, 992.
●Tamir, M., Robinson, M. D., Clore, G. L., Martin, L. L., & Whitaker, D. J. 2004 Are we puppets on a string? The contextual meaning of unconscious expressive cues. Personality and Social Psychology Bulletin, 30, 237-249.
●Taylor, S. E., Phan, L. B., Rivkin, I. D., & Armor, D. A. 1998 Harnessing the imagination. American Psychologist, 53, 429-439.
●Thayer, R. E., Newman, R., & McClain, T. M. 1994 Self-regulation of mood: Strategies for changing a bad mood, raising energy, and reducing tension. Journal of Personality and Social Psychology, 67, 910-925.
●Thompson, T., Mason, B., & Montgomery, I. 1999 Worry and defensive pessimism: A test of two intervention strategies. Behavior Change, 16, 246-258.
●Tugade, M. M., & Fredrickson, B. L. 2004 Resilient individuals use positive emotions to bounce back from negative emotional experiences. Journal of Personality and Social Psychology, 86, 320-333.
●Wrosch, C., & Miller, G. E. 2009 Depressive symptoms can be useful: Self-regulatory and emotional benefits of dysphoric mood in adolescence. Journal of Personality and Social Psychology, 96, 1181-1190.

health and when do they harm it? Journal of Personality and Social Psychology, 101, 415-432.

●Pham, L. B., & Taylor, S. E. 1999 From thought to action : Effects of process-versus outcome-based mental simulations on performance. Personality and Social Psychology Bulletin, 25, 250-260.

●Piliavin, J. A., Callero, P. L., & Evans, D. E. 1982 Addiction to altruism? Opponent-process theory and habitual blood donation. Journal of Personality and Social Psychology, 43, 1200-1213.

●Pinter, E. J., Tolis, G., Guyda, H., & Katsarkas, A. 1979 Hormonal and free fatty acid changes during strenuous flight in novices and trained personal. Psychoneuroendocrinology, 4, 79-82.

●Poresky, R. H. 1997 Sex, childhood pets and young adults' self-concept scores. Psychological Reports, 80, 371-377.

●Rodriguez, M. A., Xu, W., Wang, X., & Liu, X. 2015 Self-acceptance mediates the relationship between mindfulness and perceived stress. Psychological Reports, 116, 513-522.

●Schill, T., & Sharp, M. 1994 Self-defeating personality, depression, and pleasure from activities. Psychological Reports, 74, 680-682.

●Sedikides, C., Rudich, E. A., Gregg, A. P., Kumashiro, M., & Rusbult, C. 2004 Are normal narcissists psychologically healthy?: Self-esteem matters. Journal of Personality and Social Psychology, 87, 400-416.

●Sigall, H., & Johnson, M. 2006 The relationship between facial contact with a pillow and mood. Journal of Applied Social Psychology, 36, 505-526.

●Smeesters, D., & Mandel, N. 2006 Positive and negative media image effects on the self. Journal of Consumer Research, 32, 576-582.

●Solomon, M. R. 1986 Dress for effect. Psychology Today, April, 20-28.

●Sonnentag, S. 2003 Recovery, work engagement, and proactive behavior: A new look at the interface between nonwork and work. Journal of Applied Psychology, 88, 518-528.

●Spinella, M., & Lester, D. 2006 Can money buy happiness?

Murakami, J. L., High, R. R., & March, J. S. 2009 The role of readiness to change in response to treatment.
●Lustman, M., Wiesenthal, D. L., & Flett, G. L. 2010 Narcissism and aggressive driving: Is an inflated view of the self a road hazard? Journal of Applied Social Psychology, 40, 1423-1449.
●Maltby, J., & Day, L. 2000 Romantic acts and depression. Psychological Reports, 86, 260-262.
●Mason, M. J., Schmidt, C., Abraham, A., Walker, L., & Tecyak, K. 2009 Adolescents' social environment and depression: Social networks, extracurricular activity, and family relationship influences. Journal of Clinical Psychology in Medical Settings, 16, 346-354.
●McConnell, A. R., Brown, C. M., Shoda, T. M., Stayton, L. E., & Martin, C. E. 2011 Friends with benefits: On the positive consequences of pet ownership. Journal of Personality and Social Psychology, 101, 1239-1252.
●McFall, R. M., & Marston, A. R. 1970 An experimental investigation of behavior rehearsal in assertive training. Journal of Abnormal Psychology, 76, 295-303.
●Muraven, M., Tice, D. M., & Baumeister, R. F. 1998 Self-control as limited resource: Regulatory depletion patterns. Journal of Personality and Social Psychology, 74, 774-789.
●Muris, P., Roelofs, J., Rassin, E., Franken, I., & Mayer, B. 2005 Mediating effects of rumination and worry on the links between neuroticism, anxiety and depression. Personality and Individual Differences, 39, 1105-1111.
●Neff, L. A., & Broady, E. F. 2011 Stress resilience in early marriage: Can practice make perfect? Journal of Personality and Social Psychology, 101, 1050-1067.
●Oettingen, G., & Wadden, T. A. 1991 Expectation, fantasy, and weight loss: Is the impact of positive thinking always positive? Cognitive Therapy and Research, 15, 167-175.
●O'Mara, E. M., McNulty, J. K., & Karney, B. R. 2011 Positively biased appraisals in everyday life: When do they benefit mental

●Harper, M. S., & Welsh, D. P. 2007 Keeping quiet: Self-silencing and its association with relational and individual functioning among adolescent romantic couples. Journal of Social Personal Relationships, 24, 99-116.
●Hill, R. A., & Barton, R. A. 2005 Red enhances human performance in contests. Nature, 435, 293.
●Hofseth, E., Toering, T., & Jordet, G. 2015 Shame proneness, guilt proneness, behavioral self-handicapping, and skill level: A mediational analysis. Journal of Applied Sport Psychology, 27, 359-370.
●Houtz, J. C., & Weinerman, I. K. 1997 Teachers' perceptions of effective preparation to teach. Psychological Reports, 80, 955-961.
●Hurley, A. E., & Sonnenfeld, J. A. 1998 The effect of organizational experience on managerial career attainment in an internal labor market. Journal of Vocational Behavior, 52, 172-190.
●Iverson, G. L., & Thordarson, D. S. 2005 Women with low activity are at increased risk for depression. Psychological Reports, 96, 133-140.
●Joiner, T. E., Jr., Alfano, M. S., & Metalsky, G. I. 1992 When depression breeds contempt: Reassurance seeking, self-esteem, and rejection of depressed college students by their roommates. Journal of Abnormal Psychology, 101, 165-173.
●Kilduff, M., Crossland, C., Tsai, W., & Krackhardt, D. 2008 Organizational network perceptions versus reality: A small world after all? Organizational Behavior and Human Decision Processes, 107, 15-28.
●Kinnier, R. N., Tribbensee, C, R., & Vaughan, S. 2001 In the final analysis: More wisdom from people who have faced death. Journal of Counseling and Development, 79, 171-177.
●Kruger, J., & Evans, M. 2004 If you don't want to be late, enumerate: Unpacking reduces the planning fallacy. Journal of Experimental Social Psychology, 40, 586-598.
●Lewis, C. C., Simons, A. D., Silva, S. G., Rohde, P., Small, D. M.,

●Cash, T. F., Dawson, K., Davis, P., Bowen, M., & Galumbeck, C. 1989 Effects of cosmetics use on the physical attractiveness and body image of American college women. Journal of Social Psychology, 129, 349-355.
●Chevalier, G. 2015 The effect of grounding the human body on mood. Psychological Reports, 116, 534-542.
●Cline, K. M. C. 2010 Psychological effects of dog ownership: Role strain, role enhancement, and depression. Journal of Social Psychology, 150, 117-131.
●De Jong, P. J. 1999 Communication and remedial effects of social blushing. Journal of Nonverbal Behavior, 23, 197-217.
●De Koning, E. B. G., Passchier, J., & Dekker, F. W. 1990 Psychological problems with hair loss in general practice and the treatment policies of general practitioners. Psychological Reports, 67, 775-778.
●Delinsky, S. S. 2005 Cosmetic surgery: A common and accepted form of self-improvement. Journal of Applied Social Psychology, 35, 2012-2028.
●Di Paula, A., & Campbell, J. D. 2002 Self-esteem and persistence in the face of failure. Journal of Personality and Social Psychology, 83, 711-724.
●Dolbier, C. L., Jaggars, S. S., & Steinhardt, M. A. 2010 Stress-related growth: Pre-intervention correlates and change following a resilience intervention. Stress and Health, 26, 135-147.
●Ein-Dor, T., & Hirschberger, G. 2012 Sexual healing: Daily diary evidence that sex relieves stress for men and women in satisfying relationships. Journal of Social Personal Relationships, 29, 126-139.
●Hansen, C. J., Stevens, L. C., & Coast, J. R. 2001 Exercise duration and mood state: How much is enough to feel better? Health Psychology, 20, 267-275.
●Hardy, J., Begley, K., & Blanchfield, A. W. 2015 It's good but it's not right: Instructional self-talk and skilled performance. Journal of Applied Sport Psychology, 27, 132-139.

参考文献

●Amabile,T., & Steven, K. J. 2011 The power of small wins. Harvard Business Review, 89, 70-80.

●Anderson, R., Hanrahan, S. J., & Mallett, C. J. 2014 Investigating the optimal psychological state for peak performance in Australian elite athletes. Journal of Applied Sport Psychology, 26, 318-333.

●Andrews, B., & Brown, G. W. 1995 Stability and change in low self-esteem: The role of psychosocial factors. Psychological Medicine, 25, 23-31.

●Arce, E., Simmons, A. N., Stein, M. B., Winkielman, P., Hitchcock, C., & Paulus, M. P. 2009 Association between individual differences in self-reported emotional resilience and the affective perception of neutral faces. Journal of Affective Disorders, 114, 289-293.

●Bandura, A., & Schunk, D. H. 1981 Cultivating competence, self-efficacy, and intrinsic interest through proximal self-motivation. Journal of Personality and Social Psychology, 41, 586-598.

●Blasio, P. D., Camisasca, E., Cavavita, S. C. S., Ionio, C., Milani, L., & Valtolina, G. G. 2015 The effects of expressive writing on post-partum depression and posttraumatic stress symptoms. Psychological Reports, 117, 856-882.

●Bolger, N., & Schilling, E. A. 1991 Personality and problems of everyday life: The role of neuroticism in exposure and reactivity to daily stressors. Journal of Personality, 59, 356-386.

●Brooks, A. W. 2014 Get excited: Reappraising pre-performance anxiety as excitement. Journal of Experimental Psychology: General, 143, 1144-1158.

●Carney, D. R., Cuddy, A. J. C., & Yap, A. J. 2010 Power posing: Brief nonverbal displays affect neuroendocrine levels and risk tolerance. Psychological Science, 21, 1363-1368.

●Carton, A. M., & Aiello, J. R. 2009 Control and anticipation of social interruptions: Reduced stress and improved task performance. Journal of Applied Social Psychology, 39, 169-185.

本書は、本文庫のために書き下ろされたものです。

いちいち気《き》にしない心《こころ》が手《て》に入《はい》る本《ほん》

著者　内藤誼人（ないとう・よしひと）
発行者　押鐘太陽
発行所　株式会社三笠書房
〒102-0072 東京都千代田区飯田橋3-3-1
電話　03-5226-5734（営業部）03-5226-5731（編集部）
http://www.mikasashobo.co.jp
印刷　誠宏印刷
製本　ナショナル製本

 ISBN978-4-8379-6850-4 C0130

王様文庫

王様文庫

面白いくらいすぐやる人に変わる本

内藤誼人

「はかどる」「余裕がうまれる」「もっとできる」……1ページ、ためしてみるごとに、心まで超スッキリ！　「やることがサクサク片づく」ノウハウと心理知識がたっぷりつまった本。ラベリング効果、スイス・チーズ法――毎日が圧倒的にシンプル＆スムーズに！

夜眠る前に読むと心が「ほっ」とする50の物語

西沢泰生

「幸せになる人」は、「幸せになる話」を知っている。　○看護師さんの優しい気づかい○アガりまくった男を救ったひと言　○お父さんの「勇気あるノー」　○人が一番「カッコいい」瞬間……〝大切なこと〟を思い出させてくれる50のストーリー。

時間を忘れるほど面白い人間心理のふしぎがわかる本

清田予紀

なぜ私たちは「隅の席」に座りたがるのか――あの顔、その行動、この言葉に〝ホンネ〟があらわれる！　◎「握手」をするだけで、相手がここまでわかる◎よく人に道を尋ねられる人の特徴◎いわゆる「ツンデレ」がモテる理由……「深層心理」が見えてくる本！

K30442